高崎哲郎 著
Tetsuro Takasaki

水の匠（たくみ）・水の司（つかさ）

〝紀州流〟治水・利水の祖
井澤弥惣兵衛

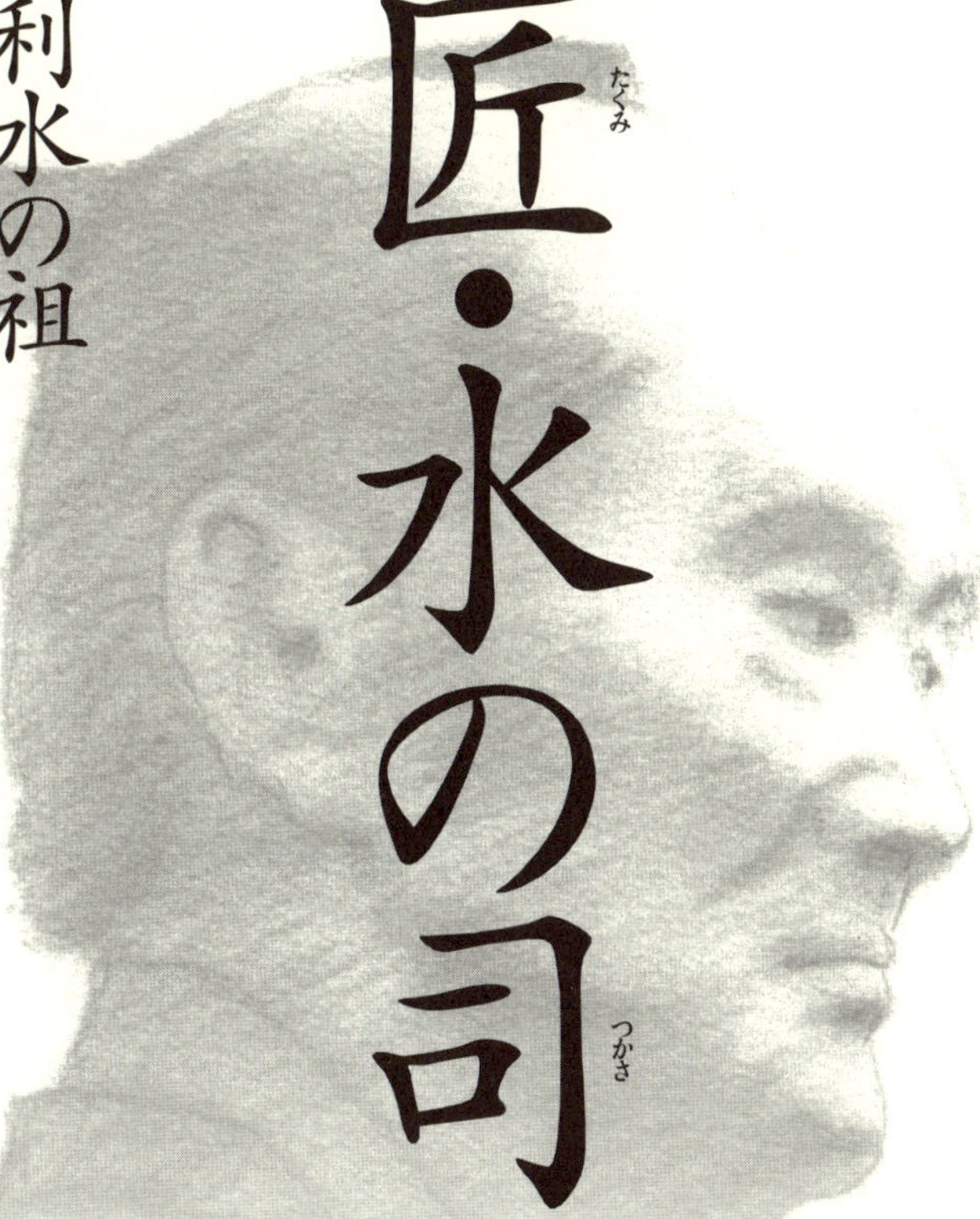

鹿島出版会

扉——井澤弥惣兵衛の肖像画（市川正三氏作）

水の匠（たくみ）・水の司（つかさ）　〝紀州流〟治水・利水の祖——井澤弥惣兵衛（いざわやそうべえ）

注——弥惣兵衛の読みには「やそべえ」との表記もある

目次

序章（プロローグ）

沃野（よくや）を拓（ひら）く——紀州流の心と技

大事は小事より起こり千丁の堤も蟻の一穴より破るるという事之有り。

政事は鳥のしばしば飛ぶが如し。少しも油断致すべからざる義なり。

「紀州政事草」（伝徳川吉宗筆）より

朝靄が深い。武蔵国（現埼玉県）の中央部に広がる見沼溜井（溜池）から朝靄が湧きあがり広がる。靄は湖水の周辺に点在する集落や水田になびいていく。白いとばりをかき分けるようにして、武士を乗せた三頭の馬が歩む。その後を男たちの集団が足早についてくる。人間と馬の集団の白い影が赤山街道に現れた。一行が赤山街道の走る八丁堤の中央部まで来たとき、先頭の栗毛の馬に乗った長老の武士が右手を高く挙げた。

「ここにて止まれ」

彼はそう命じると馬を降り手綱を用人に渡した。別の二頭の馬に乗った侍もす早く馬を下りた。一人は若く、もう一人は中年の武士だった。

「所定の位置に御用の旗を立てよ。幔幕を張り巡らせ」

長老の武士は同行の男たちに振り返って声高に命じた。彼は裁着袴（カルサン袴ともいう）を穿き、家紋（八つ鷹の羽車）を染め抜いた羽織をまとって、腰には扇と脇差を差している。侍は幕府勘定吟味役格の井澤弥惣兵衛為永である。彼は六四歳で、とっくに還暦（六〇歳）を過ぎていたが、竹のように伸ばした背筋はその歳を感じさせなかった。彼の後に馬に乗ってついてきた若い武士は、為永の長男楠之丞正房で、元服したばかりの一六歳だった。同じく馬に乗ってついてきた中年の武士は幕府普請方の保田太左衛門義方で、紀州藩時代からの為永の側近であり有能な地方巧者（土木技術者）であった。その後に徒歩で従ってきた男たちの集団は井澤の側用人で普請方の湯川新八郎、伴泰安之丞、川崎仁左衛門、鈴木文平の四人と幕府の土木事業の現場監督や作業を行う黒鍬者（幕

井澤弥惣兵衛為永の立像（さいたま市見沼自然公園）

府の抱え現場作業員）であった。黒鍬者の棟梁は良五郎で「火の玉の良五郎」とあだ名された腕ききの統率者である。配下の作業員は三〇人余りで、屈強な男たちであり揃いの印半纏をはおっている。印半纏の背中には徳川家の家紋三葉葵が見える。

八丁堤は見沼溜井の南端の沼尻に築かれていた。堤の東縁と西縁に排水用の圦樋が掘り込まれ、圦樋は竹矢来で厳重に守られていた。近くには見張り小屋もあった。黒鍬組の男たちは靄も気にならない様子で、「御用」と墨書された背丈ほどの旗竿を数本ずつ担ぐと八丁堤の路肩に一〇間（約一八メートル）おきに立てている。別の男たちは、八丁堤の西岸縁に幔幕を張って式に備えている。彼らには手なれた作業であった。靄の中を男どもの言葉が飛び交う。たとえ雨が叩きつけ風が吹き付けても現場での作業を命じられたとおり行うことを義務付けられた技能者集団の彼らには、靄がかかっていることなどは苦にもならなかった。

時は、徳川八代将軍吉宗の「享保改革」最中である享保一二年（一七二七）八月末（旧暦、今日の一〇月初旬）、朝五つ（午前八時）過ぎである。

「この靄では本日予定している作業には中々入れないかもしれません」

保田は眉をしかめて靄の立ち込めた前方の湖面を探るように見つめた。

「わしは一年以上をかけて北の利根川からこの溜池、さらに南に下って荒川までくまなく歩いた。貴公も同行した時もあったと思う。その経験から判断して、秋が深まるこの時期の朝靄は半刻（一時間）ほどで消え去り、その後は秋晴れとなる。これは間違いない。明けガラスも鳴き出しているではないか。靄が晴れるまでに作業の準備をさせておいてくれ。見沼代用水の二〇の丁場（作業現場、工区）にも普請方と農民たちを張りつけよ。本格作業は予定通り朝四つ（午前一〇時）に行う」

井澤は、ここで言葉を切ると、思いついたように言葉を継いだ。

「本日は、用水路の普請が行われる岩槻藩と忍藩の御家老をはじめ赤山陣屋から伊奈様も足を運ばれるご予定だ。またこの堤の上流と下流の名主らも姿を見せることになっている。下流の名主たちは沼の干拓に反対してきた。対応に遺漏があってはならぬぞ。今日の作業ほど重大な意味をもつものはないのだ」

「心得ております」

保田は深く頭を下げた。

「お前は作業現場に立ち会って、河川普請の何たるかを学ぶのだ。とりあえずわしの後について来い」

為永は息子正房に命じると、御用の旗が立った八丁堤を東から西に向かって一歩一歩確かめるように歩を進めた。正房は、父が歩きながら歩幅で堤の長さと幅を再確認していることを知った。正房は父の仕草を真似て後に付いて歩いた。父子の後には側用人の湯川新八郎らが従った。朝靄が上がり始め視界が少しずつ広がってきた。為永は堤のほぼ真ん中まで来て立ち止まり、見沼溜井の湖面に視線を移した。

「正房よ。秋も深まって溜井の水位が下がって来ていることがわかろう。河川普請を農家の収穫が終わった晩秋から始める意味をよく理解しておけ。わしの立っているこの位置をよく覚えておけ。土木事業も武士には戦場であることを理解せよ」

為永は息子に諭(さと)すように語りかけた。

見沼溜井は今日のさいたま市東部に広がっていた武蔵国最大の溜池で、伊奈家の溜井造成後は、北部の水辺が大宮台地周辺の谷地(やち)にまで入り込み、あたかも鹿の二本の角のような平面形を描いていた。もとは谷地の低湿地を抱えたそれぞれ独立した大きな沼で、見沼の表記も元来は三沼(三つの沼)であったとされる。

葦やススキの群生する沼は洪水以外の悲劇も生んだ。正徳四年(一七一四)七月一〇日、坂東十二番札所、慈恩寺で開帳があり、多数の参詣者が集まった。木崎村（現さいたま市浦和区・大宮区）からの参詣者が舟で湖水を渡ろうとしたとき、にわかに暴風が吹き荒れ大波のため舟が転覆して、乗客三〇人余りが波にのみ込まれ溺れ死んだ。

＊

およそ半刻後に靄のとばりから朝日が輝き出し、靄は見る間に消えていった。湖面には水鳥の群れが浮かんでいる。白鷺が水面に映えてひときわ清らかだ。北東に筑波山、西に秩父連山、その背後に富士山が見えてきた。為永は、関八州の広大さを実感するとともに、郷里紀州（現和歌山県）が丘陵や山岳地がいかに多いかを改めて思うのだった。

朝五つ半（九時）を過ぎるころ、岩槻藩と忍藩の家老一行が姿を見せた。為永親子は八丁堤を離れて一行を出迎えた。家老たちは羽織袴の正装姿で、幔幕の中に置かれた椅子に腰をおろした。幔幕の外には、幕府領地（御料地）の代官のほか、堤の上流と下流の名主をはじめ組頭や百姓代がこれも正装姿で集まってきた。（二年前の享保一〇年［一七二五］、見沼干拓に反対した溜井利用八か領村から中止を求める訴状が出ている）。普請工事に参入を希望する江戸商人の姿もあった。中に紀州出身の者もいた。八丁堤の中央部には黒鍬者たちが鋤（すき）や鍬（くわ）を用意し、土嚢や棒杭を重ねている。

馬に乗った武士が二〇人ほどの家臣を引き連れて現れた。先頭を歩む伴の者が家紋の旗を掲げ持っている。

「関東郡代伊奈半左衛門忠逵（ただみち）様のご来場です」

保田が叫ぶようにして為永に伝えた。為永は、馬を降りた関東郡代を幔幕の中に案内した。伊奈家第八代の関東郡代は、三〇歳後半ながらその小作りの体型や動作には機敏さが感じられなかった。

「日光御門跡様が江戸と日光を往還なされた途次、膝子村（現さいたま市見沼区膝子）光徳寺に宿泊した際、近在の村役人から見沼溜井干拓の希望を聞きこれを将軍様にお伝えしたというが、本当であろうか」

忠逵は為永に質した。「分かり申さず」。為永は白髪をかきあげながらこう答えるに止めた。幕府勘定吟味役格である為永は、忠逵が収納した年貢米の腐敗を吟味しなかったとして幕府から処罰を受け一時閉門の処分を受けことを知っていた。

「予定の時刻、四つとなりました。皆様、お揃いであります。幸い、靄も晴れて、秋晴れの天気になりました。見沼溜井を干拓して、新たな水田を作り出し、溜井に代わる農業用水、これを代用水と申しますが、遠く利根川から取水して流域にもたらします。一大工事には二万両（今日の二〇〇〇億円ほど）を投入します。来年二月にはきっと完成させます。本日が水落としの初日であります。伊奈様が築かれた八丁堤を敢えて切り崩し、関八州一の新田を鍬下（開発中で年貢を取らない期間）三年後には作って見せます」

為永は幔幕の中やその外に立つ参集者たちに太い声を張り上げて語りかけた。為永の後ろには保田と側用人、それに息子正房が立っている。出席者からは、半年後の来年二月に完成と聞いて半信半疑の驚きの声が上がった。

保田と正房が八丁堤に向かって走った。側用人たちがホラ貝を手にしている。為永は右手に持った扇を広げて高く掲げた。

「堤の半ばを切れ！　溜井の水を芝川に落とすのだ！」

扇を振り下ろし作業開始を命じた。ホラ貝が鳴り渡った。現場の黒鍬者は野太い声を上げると手分けして分厚い堤防を掘削しだした。堤防の中央部一〇間（約一八メートル）を開削し新たな排水用水路を掘るのである。沼の水を芝川へ落とすのである。作業開始を告げるホラ貝が二〇の丁場でも一斉に鳴った。湖面から白鷺や水鳥が驚いて飛び立った。利根川の代用水取り入れ口からこの八丁堤掘削現場まで二〇の丁場がある。工事期間短縮のため工区を細分して作業を同時に進めるのは紀州流工法のお家芸である。

「拙者は見るに堪えない。わが伊奈流普請は過去の技法にでもなったのか」

関東郡代伊奈忠逵は立ち上がると、幔幕から出て馬にまたがり、家臣を引き連れて館のある赤山陣屋に立ち去ってしまった。為永は敢えて引き止めなかった。

「伊奈様の作った見沼溜井も今日で臨終か」

名主の一人がつぶやいた。

江戸時代初期、関東郡代伊奈氏は利根川と荒川の瀬替え（流路変更）によって生じた用水不足を補うため溜池を造成する溜井（ためい）方式を採用した。関東流（伊奈流）である。代表例は、武蔵国内にある古

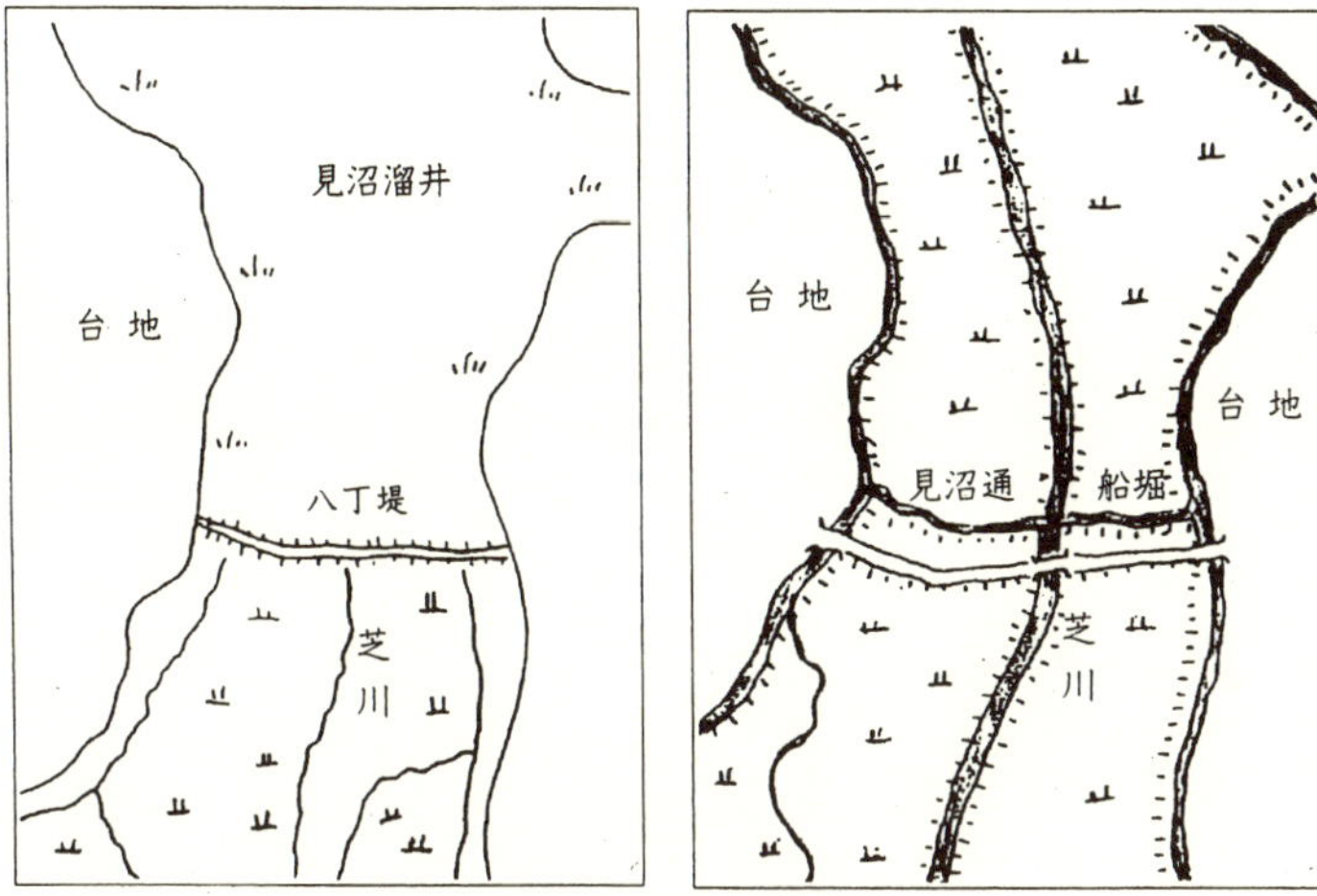

八丁堤の開削前（左）と後（海南市海南歴史民俗博物館）

利根川と元荒川の合流地点の瓦曽根溜井、その上流古利根川旧河川敷の松伏溜井、さらにその上流に琵琶溜井、荒川左岸鴨川沿いの関沼溜井、見沼代用水開削のもととなった荒川に流れ込む見沼溜井などである。

伊奈家第二代忠治は荒川の瀬替えに際して、この見沼の水を農業用水源とするため沼尻で東西の台地の迫った木曾呂村と附島村の間の最も狭い所を選んで堤を築き、間を流れる芝川を堰き止めて沼水を貯留することとした。堤の長さがちょうど八丁（約八七〇メートル）あったことから、「八丁堤」と呼ばれた。見沼溜井の誕生である。（八丁堤は現存しており、附島から木曾呂の間九〇〇メートルで、その上〈天端〉を今も赤山街道〈車道〉が走っている。幅ほぼ六〇メートル、高さ二メートル余り。土量に換えると一〇万立方メートルを超える。一五万トンの重さである。木曾呂は現川口市木曾呂、附島は現さいたま市〈旧浦和市〉附島である）。周囲一〇里余り（四〇数キロ）に及ぶ巨大な沼が出現し、見沼周辺に拓かれていた水田はことごとく水中に没することとなった。水田の中には、大宮の氷川神社の朱印地高鼻領や沼のほぼ真ん中の岸辺にあった片柳（現さいたま市大宮区）万年寺朱印地、中川（同前）の中川氷川社の朱印地などがあった。この水没を農民たちは「水いかり」と呼んだ。一大湖水が誕生したが、台風が襲ったり降雨が続いたときには、両岸は大洪水に襲われた。片柳の万年寺はついに移転を余儀なくされた。（沼の竜神伝説はこのころから語り出された）。為永は万年寺を普請方詰所（現場事務所）に使う。

＊

黒鍬者の堤防切り崩し作業は泥と汗にまみれて続けられた。古田と新田との境界線には既に松の幅杭が打ち込まれていて、この日に向けての準備作業が終わっていることを示していた。

良五郎が、保田の命を受けて残った堤の基底部を鍬で掘り崩した。濁流が堤の真ん中に開いた開削口からしぶきを上げ息せき切って芝川に流れ下った。作業を見つめていた名主ら農民の間からどよめきが上がった。見沼溜井の排水が始まった。激しい水落は数日間続いたが、下流に被害を与えることもなく良好だった。万年寺に宿泊していた為永は報告を聞いて安堵した。

為永は、関東流（伊奈流）の治水工法に替って紀州流の工法を積極導入した。この農業土木技術は、伊奈流の二重堤や遊水池の造成を廃して、高い堤防をつなげた連続堤を築造して、洪水時には激流を堤防内におさめることに特徴があった。これによって、遊水池まで新田開発できるようにした。新田開発にあたっては、用排水路の活用のあり方が新田の運命を決する。いかに悪水を排水するかが最大の課題であり、そのために新堀（悪水落し堀）を沼の中央部などに開削した。見沼干拓では芝川が悪水落し堀である。作業は厳寒の真冬も続けられた。紀州流で全国の新田開発を行うことが為永に与えられた最大の使命だった。彼は上意（将軍からの厳命）を受けた「特命技術官僚」であった。彼は紀州流河川工法で全国の沃野を拓き続けるのである。それは日本の新田開発史上空前絶後の規模であった。だが鋭敏な彼は紀州流の限界も知っていた……。

（年月日は断りのない限り原則として旧暦とする）

（初出――連載「水の匠、水の司　私説・井澤弥惣兵衛為永」、『水とともに』二〇〇八年四月号～二〇〇九年四月号、独立行政法人水資源機構）

第一章

鉄砲と鍬と

――根来同心の家系、豪農、紀州藩

十目の見る所、十手の指す所を以て諸役申付ける時は、
諸人帰服して城下・領内共に静謐成るべし。然る時は当家長久成るべし。

武士は忠孝甚だ重き事なり。

「紀州政事草」(伝徳川吉宗筆)より

〈もののふの時——紀州徳川家の家臣となる〉

「貴公（そち）には存分に働いてもらうぞ。わが藩の財政は極めて苦しい。山と海岸ばかりのわが藩には開墾可能な土地は限られていようが、新田開発や山林開墾を大いに進め年貢の増徴に結び付けなければならない。そこで勘定所で協議した結果、野上組で地方巧者（じかたこうしゃ）（土木技術者）として活躍している貴公を勘定方に取り立てることにした次第である。藩主様も、もとよりご了解くださった」

勘定奉行大嶋伴六（ばんろく）は一段高い畳から、両手の指先を畳に伸ばして頭を垂れている羽織袴姿の井澤弥惣兵衛為永に語りかけた。元禄三年（一六九〇）早春、場所は紀州藩和歌山城の会所（勘定方詰所）である。やわらかな陽光が部屋いっぱいに差し込んでいる。大嶋の左側には添奉行（副奉行）田代七右衛門が端座している。壁際には弥惣兵衛の上司や同僚となる会所詰勘定方役人（藩の財政を担当し民生を司る）、柏田左次郎、中尾吉兵衛、中原武左衛門、津村長左衛門、村上理右衛門、笠原忠左衛門、川村清右衛門、奥野武太夫、小出才兵衛、長井伝太夫、幸田彦左衛門、田口伊太夫、奥村勝右衛門、大屋次郎左衛門の一四人が「発令式」を見守っている。彼らは初老の男から中年まで年齢はまちまちである。

「ありがたき幸せに御座います。藩士に御登用くださり、我が家一門感激しております。私の技量はまだまだ未熟ではありますが、精一杯努力する所存であります」

弥惣兵衛は下を向いたまま声を張り上げた。彼はこの年二八歳になった。

「ところで貴公の名前は宇左衛門尉氏勝ではなかったのかね」

大嶋は手にした代官所からの書状を見ながら、ゆっくりとした口調で尋ねた。

「今回藩士にお取り立てくださることになり、井澤家の一族郎党がこれを祝いまして、領内の野上八幡宮に手水鉢を寄進いたしました。心も手も清めてご奉公したいと考えたからです。この際、宮司様から藩士らしい名前に代えてはどうか、と助言されまして改名した次第です」

彼は出仕する前に、野上八幡神社に石造りの手水鉢を寄進した。

「今度、貴公を和歌山表に取り立てた訳の一つに、貴公が根来同心の末裔であることもあった。地士（地侍）がわが藩を陰で支えているわけだからな。拙者にも、その総髪を束ねた髪形で同心の末裔であることが分かるわ。よろしく頼むぞ」

大嶋は笑顔をつくって立ち上がった。

「拙者に付いて来られよ」

添奉行田代が、硬い表情の弥惣兵衛に近づき肩を叩いた。緊張の解かれた弥惣兵衛は庭園の桜がほころび始めていることに気づいた。

＊

江戸期三大改革の一つ享保改革は、「米将軍」徳川吉宗の指示により全国規模の新田開発や荒地開墾が展開された。その命令を受けて自然大改造を実践した井澤弥惣兵衛為永は、寛文三年（一六六三）紀伊国那賀郡溝ノ口村（現和歌山県海南市野上新立石）に生まれた。溝ノ口は山間部に拓け

和歌山城（現在）

た段々畑の多い村落で、貴志川（別名野上川）中流右岸にあり、新村（野上新）は対岸の左岸にあった。同川は河岸段丘が発達し、縄文・弥生時代の遺跡が分布する。彼の生年には二説がある。東京・千代田区麹町の菩提寺心法寺に残る墓碑と海南市野上新の井澤家墓地にある墓碑銘には「元文三年（一七三八）三月朔日没、行年七十六」とある。これから逆算すると寛文三年（一六六三）の生まれとなる。江戸幕府が編集した大名、旗本、幕臣らの系譜を綴った『寛政重修諸家譜』では没年は同じだが、行年が八五歳となっている。これに従うと、承応二年（一六五三）ころの生まれとなる。後年、弥惣兵衛が江戸幕府に召し出されたのは享保七年（一七二二）であるが、幕臣となった年齢は、没年が七六歳だと考えると五九歳か六〇歳、没年を八五歳だとすると六八歳となる。生年は大方の歴史書などの記述にならって寛文三年（一六六三）をとる。

弥惣兵衛の父は弥太夫為継で、母の名前は不明である。長男であり、生家は豪農（庄屋かそれに次ぐ肝煎）で、地士（地侍）だったと思われる。青年時代は宇左衛門尉氏勝と名乗り、実弟に弥太郎と佐太夫がいる。弥太郎は弥惣兵衛が藩士となって郷里を離れた後井澤家を事実上受け継ぎ、佐太夫は後年同じ那賀郡内の沖野々村の庄屋岡家の養子となった。

「伊沢系図」（原文ママ、墨書）が野上新の井澤家に伝わっている。「系図」は弥惣兵衛に続いて理兵衛正義（真言宗僧侶、法名賢岸）の記述で終わっていることから、正義が筆記したものと考えられる。（正義は出家して、根来寺の末寺金熊寺大阿闍梨となる。真言宗の僧侶は妻帯できず系図は彼で途切れる。金熊寺は泉南市の山裾に現存する。正義については後章でも触れる）。「系図」によると、同家は清和源氏に属し、源八幡太郎義家の三弟義光から数えて四代目の信義を井澤家の始祖（当家元祖）としている。鎌倉時代である。信義には弟が六人いたようだが、なぜ彼が始祖なのかは不明である。弥惣兵衛の血筋を考える上で重要なことの一つが、信義から一五代目の正国（弥次郎太夫為氏、弥惣兵衛から六代前）が新義真言宗総本山・根来寺（大伝法院）に入山し、両界院深勝房浄快と名乗って同寺の六将（僧兵の指導者）の一人の地位を得たと伝えられていることである。天正元年（一五七三）八月二六日のことである。「系図」で最も詳しく経歴が記されているのも正国である。同一三年三月、豊臣秀吉は大軍を率いて紀州攻めに入り、根来寺は炎上して僧兵は四散した（後述）。このとき、正国とその子浄閑も寺から逃れ身を隠した。「系図」には、正国から二代後、弥惣兵衛から四代前に

井澤弥惣兵衛の墓（東京都・千代田区麹町の心法寺）

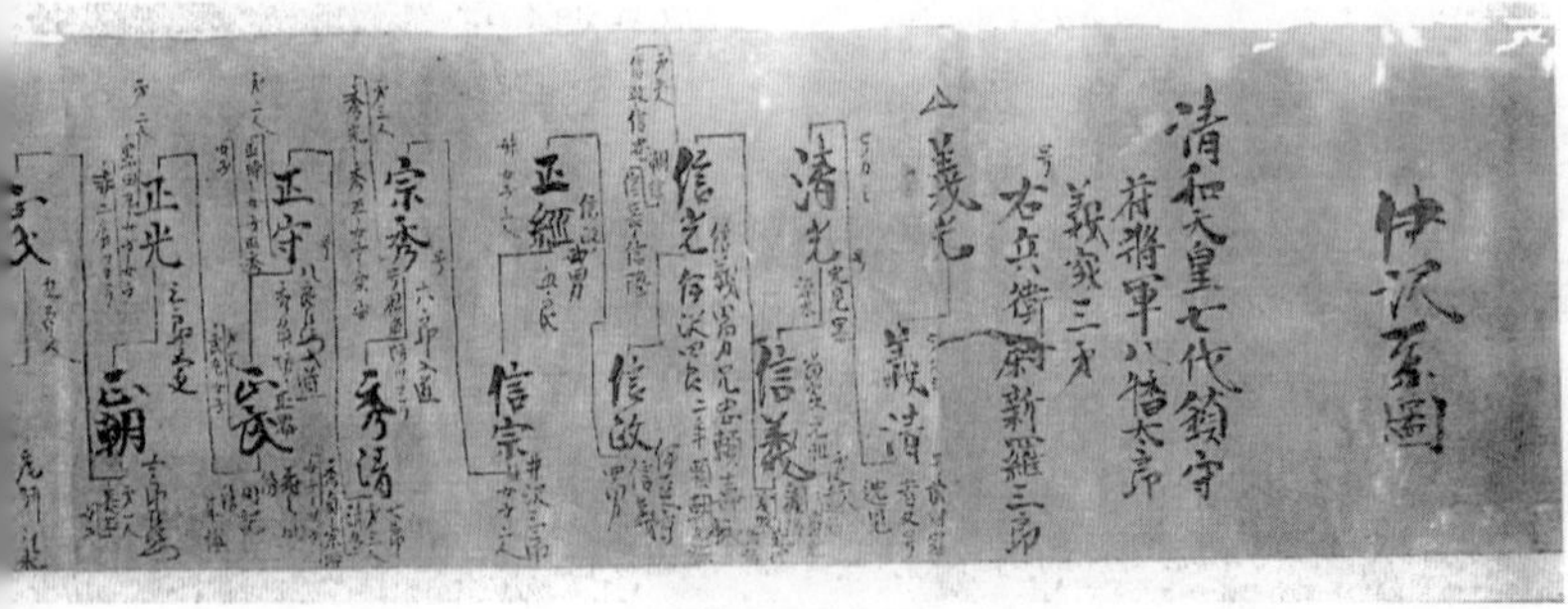

当たる浄閑（民部卿、新太郎）が「来り仆す」（来て住んだ）と記されている。浄閑の代になって溝ノ口に帰農したと考えられる。

『南紀徳川史』（和歌山藩史料集、明治中期編集）によると、井澤家は戦国時代、武将・三好豊後守義賢の家臣井上数馬守正継（この名は「伊沢系図」にも正国の父として記されている）より出で、子孫井上民部卿が根来寺で僧侶となり、根来寺炎上後に野上谷に亡命して溝ノ口村の井澤の姓籍を買って井澤新太郎を名乗り、その子弥太夫が弥惣兵衛の父に当たる、との説を記している。

＊

大河紀の川の右岸、岩出市に現存する根来寺は一三世紀末から新義真言宗の拠点として発展した。同寺は広大な寺領を有し、ポルトガル人宣教師ルイス・フロイスがイエズス会総長に送った書簡に「八〇〇〇人から一万人の僧兵がいる」と記したように、鉄砲（種子島銃）で武装した一大軍事宗教集団であった。同寺は有力農民や土豪の子弟を寺院に入れて子院・院家を建立させ、入信した土豪らを氏人として組織化した。氏人は紀伊北部、和泉一円から河内南部（和歌山県北部から大阪府南部）に拡大した。弥惣兵衛の先祖もその中

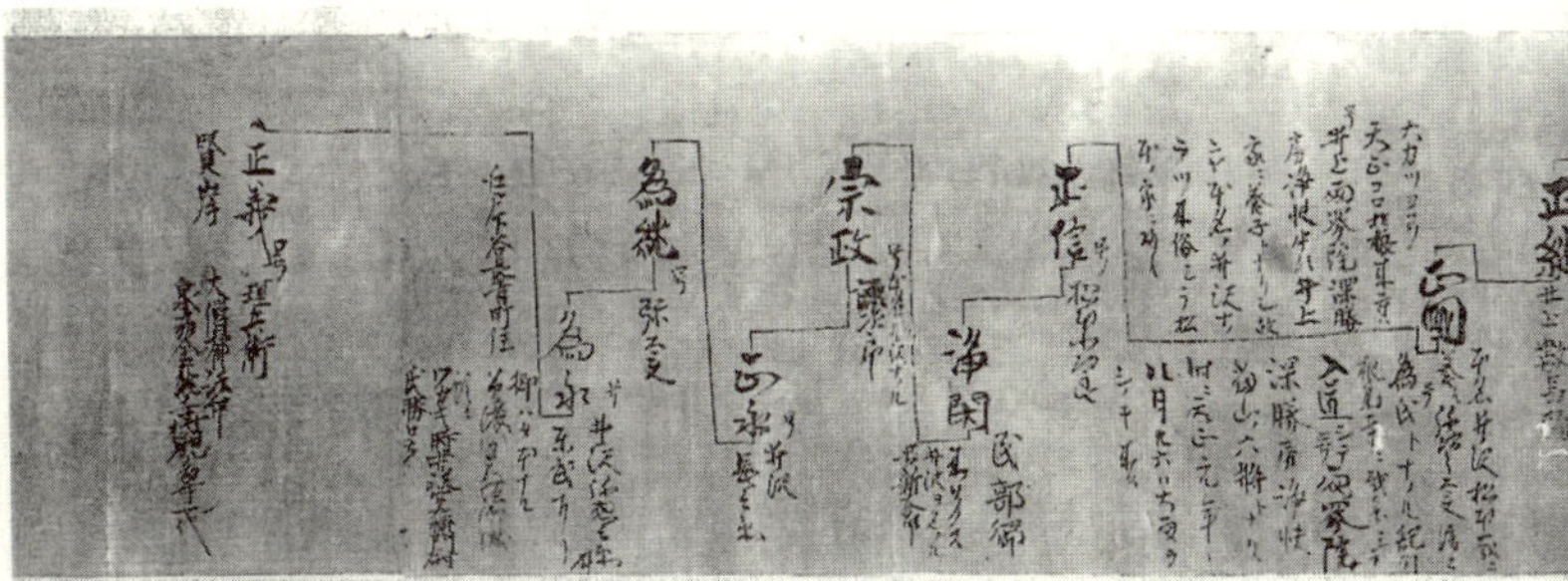

「伊沢系図」（海南市海南歴史民俗博物館）

の有力者であったと考えられる（『海南市史、第一巻』参考）。

天正一三年（一五八五）三月、豊臣秀吉は一〇万の大軍を率いて陸と海から紀州攻めに入り、根来寺はわずかの堂塔を残して灰燼（かいじん）に帰し、僧兵は敗走して身を隠した。紀伊北部、和泉一円の末寺も次々に火を放たれ多数の犠牲者を出した。その後、根来衆の一部は、家康の家臣となって重臣成瀬正一（まさかず）に付属することになった。のちに鉄砲同心として知られた幕府の根来同心である。このとき、家康は二〇〇人の根来衆徒を召し抱えるため一〇〇人を採用して、残りには後日の命令を待つよう指示した。

紀伊徳川家初代領主となった徳川頼宣（よりのぶ）（家康十男）は、家臣団の強化と在地土豪層を懐柔するため、寛永三年（一六二六）に家康の後命を待ち続けていた根来衆を家臣に召し抱えた。彼らには、それぞれ廩米（りんまい）（支給米）八石を与え、三組（一組は三六人、他の二組は三七人）の鉄砲隊に編成してこれを根来同心とし領内の村落に居住させた。彼らは、幕府の根来同心同様、全員が院号を名乗り、総髪であった。総髪は全ての髪を後ろになでつけて垂れ下げた男の髪形をいう。幕末・慶応三年（一八六七）三月の野上組の宗門改め調査によれば、「根来者」

根来寺の多宝塔（現在、国宝）

として、中村に二人、別院村に一人、野尻村に三人、孟子村に二人、新村に三人、沖野々村に二人が記されている。新村の三人の一人が井澤家ではないかと推測される。

＊

弥惣兵衛は初等教育を寺子屋で、また基礎教養を野上八幡宮宮司、それに菩提寺の宗光寺住職などから受けたと考えられる。漢詩文はもとより、数理の理解力に優れており「黒澤山の天狗に学問を教わった」と語られたという。黒澤山は野上新の南方に広がる霊山（標高五〇九メートル）である。この逸話は彼の秀でた理数的才能を伝えるものだが、彼の超自然的なものに対する感性（宗教的な感性も含む）を示していないだろうか。

成人して以降は、農業土木の専門書（『水利全書』など）や数学の図書（『因帰数歌』〈今村小平（知商）〉、『格致算書』〈柴村盛之〉など）を読破し、父に従って治水・利水の実践を積んでいった。父に連れられて紀三井寺に詣でる途中、亀の川の蛇行を見て「直線の河道に改修すれば洪水をいち早く流すことができる。農民を水害から救えるし、水田も広がる」と父に語ったとの逸話がある。後世名をなす土木技術者の少年の日の逸話にしては、うがち過ぎである。だが、こうした噂話が語り継がれて来たことに注目したい。根来衆の子孫として鉄砲や剣術に長じていた

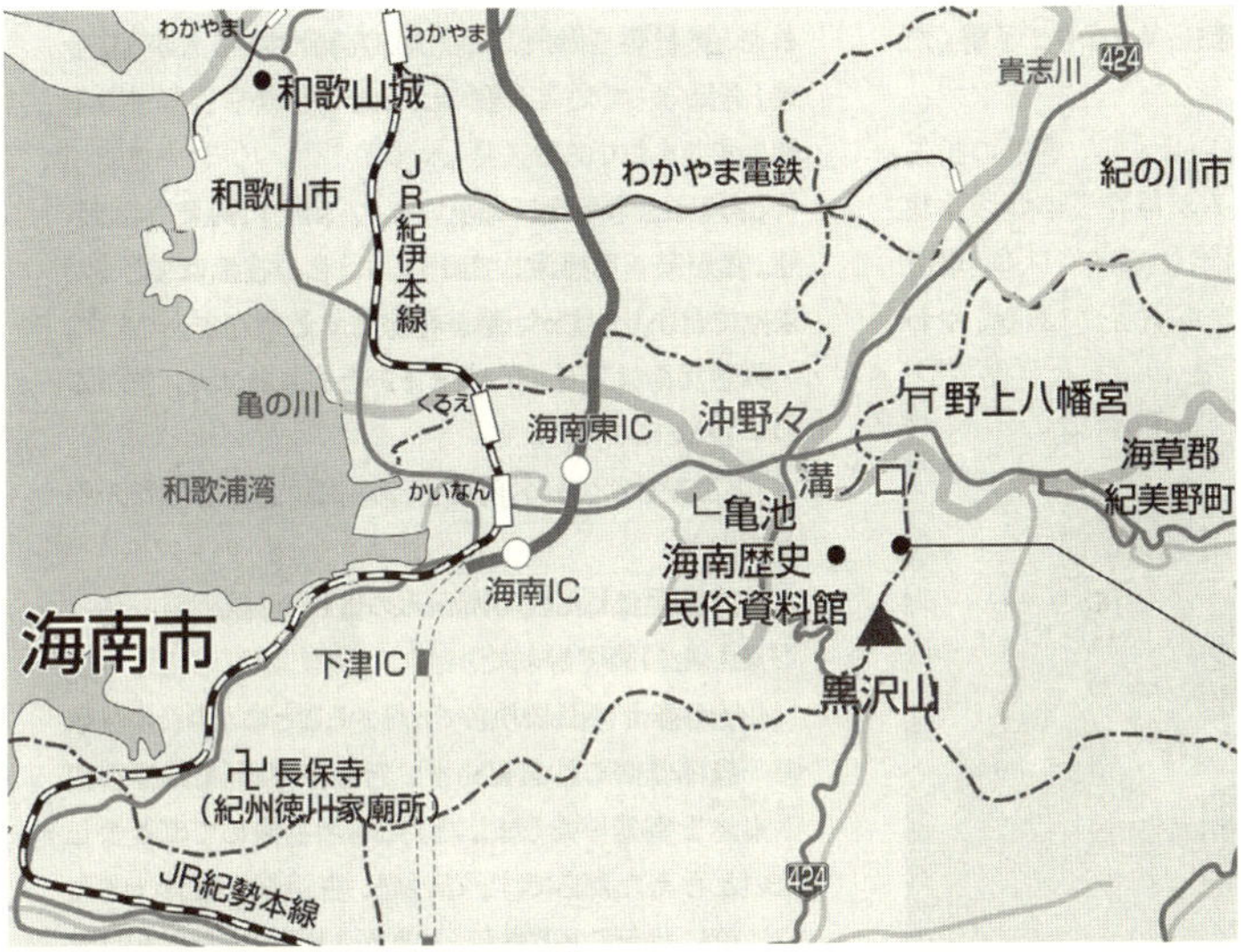

現在の海南市と井澤弥惣兵衛ゆかりの地

生誕の地の掲示板（海南市野上新）

が、乗馬も得意だった。野上八幡宮の秋季例祭の呼び物は馬駆け（競馬）であり各地区より馬を出し合った。青年時代の弥惣兵衛はこの馬駆けに必ず参加して好成績を残した。馬駆けは紀北及び紀中地区ではよく知られた恒例行事だった。二〇歳代で、同族の井澤家の娘と結婚したと思われるが、確たる史料はない。（『寛政重修諸家譜』には「妻は井澤家の女」とのみ記されている。弥惣兵衛が井澤家に養子として迎えられたとは考えにくい）。

徳川氏の紀州入国後、兵農分離が進められ、武士は城下に住み、武士の姿がなくなった農村では大庄屋による自治が認められた。在方（農村）の組織は、郡の下に組と村が編成され、組には大庄屋、村には庄屋が置かれた。庄屋は納税をはじめ村民にかかわるすべての事柄を取り仕切ったが、農業土木技術、中でも水利技術の知識は年貢に直結するだけに欠かせなかった。その主な任務は、①大庄屋を通じて達せられる代官等の御触れを村民に伝え、村民の願届等の書状に肝煎（庄屋補佐役）と連署して進達すること、②荒起（水田掘り起こし）、畑返（畑地打ち返し）、新田畑の開墾を進め、鍬先

寄進された野上八幡宮の手水鉢

井澤弥惣兵衛の寄進状（野上八幡宮蔵）

（他人の土地を使用すること）の年限などを出願すること、③年貢の割賦、諸運上（関税）の取立、夫役、小入用の出納管理、④弱百姓（じゃくひゃくしょう）の救恤（きゅうじゅつ）（救済）、凶作などで窮民が出れば、施粥、御貸麦申請などの救済の手を尽くすこと、⑤検地帳・名寄帳（検地帳をもとに個人別に所持高をまとめた帳簿）など土地について帳簿を管理すること、⑥池川などの用水の管理、道路・橋・堤防の保全と風水害等の被害調査、復旧の推進など、である。

＊

豪農の後継ぎに過ぎない弥惣兵衛が、士農工商の身分制度が確立した時代に、なぜ藩主の覚えめでたく藩士に登用されたのだろうか。彼が単なる富農の長男ではなく、徳川家を支援する根来者の血筋であったことは注目すべき家系の特徴としてすでに記した。彼の生まれ育った野上新は、藩直轄領地である蔵入地（くらいりち）（御蔵所）であり、紀州藩侯の「御狩場」の広がる黒澤山を背後に控えて同村が登り口であった。井澤家が藩主一行の案内役を務めていた。同村と東上谷村との境の山頂部に、溝ノ口御殿と呼ばれる「御狩場」があった。貴志（きし）川北岸の溝ノ口村に仮休憩所があり、そこから御山橋（現山橋）を渡り新村のあぜ道を経て山道を登ると「御狩場」に着く。

新村の石高が四〇〇石のところを二〇〇石の万雑公事（まんざつくじ）（雑税）が免ぜられた。藩役人が巡視したところ、「御狩場」用の猪や鹿などのけものが田畑を荒し回って貧困な村となっているとの理由からであった（『南紀徳川史』）。これは名目的理由であり、「御狩場」の管理や道案内などの雑役に従事させた見返りであった。その中で、藩重臣との交渉役を仰せつかっていたのが井澤家である。（当時の農村は、藩主の直轄領地である蔵入地と家臣に与えられた知行地（給所）に大別された。野上組では溝ノ口や野上新をはじめ野尻、赤沼、次谷、海老谷、西上谷の各村が蔵入地である）。

財政難に陥った藩政は在野からも農業土木に秀でた人材を求めていた。弥惣兵衛は元禄三年（一六九〇）和歌山城へ出仕した。野上八幡宮への寄進状（逝去の年・元文三年〈一七三八〉作成）に「元禄三年清渓院様（藩主徳川光貞）御代被召出、和歌山住居」とある。寄進された石造りの手水鉢（ちょうずばち）に、根来衆末裔である彼の信仰心の篤（あつ）さを思いたい。（「井沢宇左衛尉氏勝　元禄三庚午（かのえうま）年五月」と刻まれた手水鉢は同神社社殿前に現存する）。

＊

早春である。貴志川の土手沿いには桜がつぼみを大きくふくらませ、菜の花が南からのそよ風に揺れている。朝五つ（午前八時）過ぎ、父弥太夫や母、それに叔父井澤弥市郎、実弟岡佐太夫ら身内のほか、村落の農民たちが貴志川右岸の小畑の白岩（船着場）に見送りに集まった。船着場は溝ノ口村のすぐ上流の河岸である。ここから紀の川の合流点（岩出）まで三里（約一二キロ）下る。舟は平底船であった。高野山方面の深山（現紀美野町）から西流してきた同川は、渓谷を刻みながら「野上の川で逆流れ」と言われるほどに野上中地先で流路をほぼ直角に北に変え、蛇行しながら紀の川に注ぐ。その距離は四五キロで、同川は岩出（旧岩手）で紀の川と合流する。貴志川中流域の農山村から和歌山城下に積み出された主な産物は、ゲタ、炭、材木などで、材木は筏（いかだ）にして流下させた。年貢米の輸送にも貴志川の舟運が利用された。貴志川が流れを北に向ける沖野々に「米出し」との地名があり、ここから城下に向けて年貢米が積み出された。

弥惣兵衛は陣笠をかぶり脇差をさして舟に乗った。手代の嘉平次を同行させることにした。川風がひんやりと肌をなでる。舟には和歌山城下に運ぶ木材製品や農産物が満載されていた。舟は岩出から紀の川を下り、夕刻には和歌山城近くの御船蔵(船着場、紀の川左岸)に着いた。岸辺には二〇隻もの大型帆船が停泊していた。弥惣兵衛は和歌山城の白亜三層の天守閣を見上げた。熱塊が胸に突きあげて来るのを感じた。だが、その一方で紀州徳川家の家臣となる不安もぬぐい去ることができなかった。

第二章

紀州流の源流

——弥惣兵衛と才蔵①

主人は短慮を控え、慈悲を本として、家老などは実義を第一として、
思慮を本とすべし。

惣（すべ）て人を制するには我が身正しくして人を制すべき事なり。

「紀州政事草」（伝徳川吉宗筆）より

〈もののふの時――熟せし聞こえあり（『徳川実紀』より）〉

「才蔵さん、是非藩の地方手代（郡代官の配下の地方役人）となって詰所に勤務し、新田開発や洪水対策さらには農業の技術を御教えくださらんか。俸禄はわずかとはいえ支給する。我が紀州藩では貴殿に優る地方巧者はいない、と確信する。拙者個人も貴殿から多くの農業土木の仕様を学びたい」

元禄九年（一六九六）三月二四日、ここは和歌山城本丸の西にある砂の丸の松林に囲まれた勘定奉行所会所（藩の財政・民生を担当）である。羽織袴姿で上座にいるのが会所役人御勘定人格の井澤弥惣兵衛為永である。弥惣兵衛の前に手を付いているのは伊都郡禿（現橋本市学文路）の庄屋・大畑才蔵である。上座の弥惣兵衛は三四歳、才蔵は五五歳で、下座の才蔵が二一歳年上であった。江戸期に偉才を放つ二人の農業土木技術者の初対面であり、「紀州流」と後年呼ばれる河川技術の創始者の初対面であった。弥惣兵衛は藩士に登用されると総髪を改めてまげを結った。才蔵の髪には白髪が目立った。

「藩の財政は苦しくなる一方だ。これを救うには農業の政策と技術の両面からの抜本的改革が必要なのだ」

弥惣兵衛は正面の男を見つめて語りかけた。才蔵はしばらく黙ったのち、額にしわを寄せながら口を開いた。

「一介の農民に過ぎない私を普請方の士分に取り立ててくださるのは望外の幸せです。折角の思し召しではありますが、御用の際にはいついかなる時でも出勤いたします。ですから私を在所（田舎）において欲しいと願う次第であります」

「それでは拙者の要望を受け入れるのだな。貴公の希望は拙者の上司にあたる添奉行（副奉行、勘定吟味役）に伝えることといたそう」

弥惣兵衛は笑顔をつくって語ったのちに言葉を継いだ。

弥惣兵衛愛用の水差し（井澤家所蔵）

「ところで、貴公が河川改修や新田開発を行う際、心していることを御教えくださらんか」
弥惣兵衛は自らの担当も河川改修や新田開発などの土木事業であったことから、身分は下であっても先達に当たる才蔵に是非とも質したかったのであった。才蔵は「治水・利水の達人」として藩内に知れ渡っていた。
「河川技術者にとって『川のことは土地の者に聞け』が鉄則だと、考えます。現場に必ず足を運ばなければなりません。水盛（測量）は部下に任せてはなりません。必ず自分が行うか、現場に立ち会う必要があると考えます。そして何よりも百姓を愛さなければいけません」
弥惣兵衛は同感の意を示して深くうなずいた。この日、才蔵は

「日記」に記した（現代語表記）。

「地方手代に給扶持方にて御抱可被下由、弥惣兵衛殿被仰聞候得共、何時にても御用之節は出可申候間、在所に御置被下候様にとお願申上候」

三月二五日、添奉行田代七右衛門は才蔵を呼んで申しつけた。

「貴公の希望は井澤氏から聞いた。希望通り在所に在って結構だが、御用の節には必ず罷り出でよ。その節には出扶持（藩から支給される手当）三人扶持を与える。また年に銀貨一〇枚を与える」

三人扶持とは、勤務した日に一日につき米一升五合を支給するのである。（一人扶持には一日米五合が支給される。五合はほぼ一リットル）。薄給である。

時は農政の一大転換期であり、幕府御三家の一つ紀州藩にも地方巧者・大畑才蔵のような逸材がどうしても必要であった。彼は在方役人（在方とは村方のことで、大庄屋、杖突、村の庄屋、肝煎、組頭をいう）から藩の役人に登用されたのである。才蔵は、精密な地図もなく科学的測量器具さえもない時代に、ただひたすら現地を踏査して地質・地形の特徴を把握し、農業土木の技術革新をはかった。中でも手作りの水盛台を使った水準測量は用排水路の縦断勾配に使われており、その精密度は他者の追随を許さないものであった。

（『才蔵日記』、『南紀徳川史』、『和歌山県の歴史』、『紀の川治水史』、大石学編著『享保改革と社会変容』、神坂次郎『紀州史散策』などを参考にする）。

＊

本州の最南端に位置する紀州（現和歌山県）は、「木の国」と呼ばれ、そのほとんどが山地である。紀州での唯一の平野は、紀の川に沿った沃野だけであり、そのほかに平地らしい平地もない。紀伊半島全体が一個の巨大な山塊であり、この山塊を断ち裂いて山と山の渓谷を流れる川も、川沿いにほとんど平地をつくらず、川は急峻な谷間を削り、さらに削り取り激しい蛇行を見せる。人々は川にのめりこむような山すその斜面か、河口や海べりに開けたわずかな平地を見つけて住むしかなかった。

元和五年（一六一九）、徳川幕府は、紀州の領主浅野幸長を広島に移し、家康の第十子、頼宣（よりのぶ）を南海道の鎮（しず）めとして紀州に封じた。大御所家康が寵愛した頼宣（南龍公）を紀州に据（す）えたのは、紀州が西国諸藩並びに京都の監視をも果たせる場所にあったからにほかならない。頼宣は一八歳の若い藩主だった。

第二代藩主光貞は延宝五年（一六七七）一〇月に総合的な農法を発した。農村法であるから農村支配に関する規定が中核を占めるが、貢租収納の手続きのほか、新しい二夫米（にぶまい）（和歌山藩独自の雑税）や糠藁米（ぬかわらまい）（同前）など付加税の徴収に関する規定が加えられている。農民に対しては、冠婚葬祭などはできる限り華美にならないようにし、日々の生活では雑穀を常用して米を保存させ、衣類も木綿のほかは用いず、染料も制限している。

紀州藩には元禄一二年（一六九九）から藩政末期まで一六〇年にわたって「郷組一札（ごうぐみいっさつ）」という制度があった。大庄屋が法度（はっと）や触書を遵守することを誓ったもので、大庄屋が農民に申し聞かせ、遵守させる旨を記して藩に提出する形式をとっている。その本質は農民支配の法律である。「郷組一札」が制定されたことにより、年貢の収納に郷組の機能が活用された。年貢の納入に於ける連帯責任制は、それまで一村の連帯責任にとどまっていたが、走百姓（年貢が納められなくなり逃散した農民）の年貢は郷組が皆済の責任を取り、走百姓の探索は郷組が行うことが定められた。全責任は大庄屋が負った。こうした時代に生まれ育ち藩に抱えられたのが、地方巧者（地方役人・農業土木者）の井澤弥惣兵衛為永であり、大畑才蔵であった。

＊

大畑才蔵は、寛永一九年（一六四二）、伊都郡中組学文路村（現橋本市学文路）の庄屋の家に生まれた。同村は高野山麓にあって真言宗の霊地高野山の宿場としてにぎわった村で、才蔵は文化的に恵まれた環境で育った。（以下『大畑才蔵』を参考にし、一部引用する）。当時の算数の手本とされた『格到算書』（柴村盛之著）、『因帰算歌』（今村知尚）を手に入れて学習できたのも、宿場町で育ったからであろう。同地は紀の川の舟運でも栄えた。江戸時代に入って、藩は橋本と船戸に二分口役所を置いて、舟運を統制し、上下する船から口銭（手数料）を徴収した。橋本は高野山への参詣のための宿駅、および大和街道の伝馬所としての機能とともに、紀の川の河津（船着場）の役割を果たしていた。享保年間（一七一六〜三六）には川舟三八艘を有して、藩許可のもとに株仲間を持っていた。橋本は上流の五条から陸路運ばれた荷を川舟に積み替える特権を確保していた。享保年間の橋本には一〇五軒の商家が存在し、そのうち二五軒が塩屋、麦米屋三一軒、荷物問屋一二軒のみで五割を占めている。

塩市を有して周辺への販売権を独占し、物資の輸送にかかわる機能が高かった。紀の川の支流と上流の吉野地方からは杉材が筏で組まれて、和歌山に大量に輸送され、河口の和歌山は製材および大坂方面への移送で活況を呈した。

才蔵は、伊都郡奉行木村七太夫に才能の非凡さを認められた。万治元年（一六五八）禿組大庄屋平野作太夫の補佐役である杖突に任命された。一八歳の若さである。この年を起点として約

才蔵生誕の地の記念碑（橋本市内）

才蔵の署名と花押

六〇年間という長い期間、地方巧者として才蔵の英知は遺憾なく発揮される。才蔵は、寛文九年(一六六九)、伏原村(現高野口町)才右衛門とともに高野山内聞役(密偵、スパイ)を命じられて、結果として元禄五年の高野山の行人派寺院約一〇〇〇院の取り壊し、僧六〇〇人余りの島流しという高野山弾圧に関与することになった。しかし、才蔵は内聞役については気がとがめたようで、これに関する彼自身の記述は「他見無用」と秘密扱いにするよう子孫に命じている。

才蔵は二九歳のとき一〇歳年下の同郷の六左衛門の娘菊と結婚し、八人の子宝に恵まれたが、四人は早世した。年を経て延宝五年(一六七七)より五年間、和歌山藩の会所へ無報酬で勤めた。おそらくこの間の才蔵の技量が藩役人に認められて元禄九年(一六九六)普請方地方手代への抜擢に結びついたのであろう。それを裏付けるように、翌一〇年二月二九日より紀の川の左岸中ノ嶋(現和歌山市)で三日間水盛(現地測量調査)を行っている。このとき、会所詰藩士(井澤弥惣兵衛為永もその一人)も貞享四年(一六八七)のころから会所詰をするまでの間、学文路村の庄屋に就任し村政を担当した。才蔵は五五歳から約二〇年間、藩内各地を東奔西走して一大土木事業に携わった。才蔵は農民の身分から普請手代に抜擢され勘定人並へと異例の昇進をした。彼を指揮した上司の一人が彼同様に農民から抜擢された井澤弥惣兵衛為永である。

勘定人並に取り上げられた才蔵の最初の仕事は、元禄一〇年(一六九七)閏二月から三六日間、九月から五三日間の二回、勢州(現三重県)三領の村々を視察したことで、そのとき一志新井の水盛を行った。添奉行田代七右衛門に帯同されて元禄一〇年四月一九日から五七日間、両熊野(口熊野、南熊野)地方を巡検した。巡検後に「熊野絵図」が作成された。才蔵は世に「地方の天才」と評されているが、その陰には日ごろからの倦まずたゆまずの自己研鑽があった。その業績は三世紀以上も経った今日でも活用され、多くの人々の生活を潤している。

＊

『才蔵日記』によると、元禄期と思われる紀州藩の首脳は以下のとおりである。

・御年寄衆（家老衆）
安藤采女、水野土佐守、久野和泉守、三浦長門守、加納大隅守、岡野伊賀守、水野志摩守
・御奉行衆（勘定奉行で俸禄は並で四〇〇石）
淡輪新兵衛、大嶋伴六、池田喜右衛門、宮地幸右衛門
・添奉行（勘定吟味役で会計監査役）
赤垣与七兵衛、田代七右衛門、大須賀九郎右衛門、井関弥五郎
・御目付（藩士を監視する役）
木下新左衛門
・会所詰（藩の財政を処理し民生を司る役所）
柏田左次郎、中尾吉兵衛、中原武左衛門、津村長左衛門、村上理右衛門、笠原忠左衛門、川村清右衛門、奥野武太夫、小出才兵衛、長井伝太夫、幸田彦左衛門、井澤弥三兵衛（ママ）、田口伊太夫、奥村勝右衛門、大屋次郎左衛門

（以下に地方組織の長として郡奉行などがいる）。

紀州藩での城中での服務規程を見てみたい。次の箇条は、寛文六年（一六六六）に出された「会所定書」である。これによって城中の寄合の様子がわかる（現代語表記）。

一、会所（寄合場）へ出仕する諸役人は、朝五つ（午前八時）に出揃うこと。
一、年寄中（家老）が用談中は、次の間で大声で会話をしてはいけない。
一、用談中は、無用の雑談をしてはいけない。
一、年寄中が公用で側近を呼んだとき、互いに先を譲り合っては公務が滞るので、決してしないこと。
一、用談中、思いついたことは遠慮なく申すこと。
一、諸役人は、怠慢心で公の場から身を隠さず、定めの座に詰め、御用の妨げをしないこと。
一、御用ある者は、さしあたっての用が済みしだい退出すること。

「会所」は幕府の評定所に相当し、当番の家老を中心にして、他の数人の家老や用人、寺社・勘定・町の三奉行、目付、番頭が寄り合い、藩政の重要課題を討議・裁断する機関である。

寄合に出席する幹部に対して、次のような規定が出されている。

一、奉公人・用人・町奉行は、一五日交替で当番を定めて寄合に出席し、当番が公用の申し達しを行い、隙番の者も相談があれば加わること。
一、目付の面々は、一五日交替で当番を定めて寄合に出席し、当番が公用の申し達しをすること。ただし、番には今までどおり加わること。
一、目付の者は、寄合に二人ずつ出席し、御用の様子しだいで他の者も出仕すること。
一、番頭は、寄合に二人ずつ出仕し、御用の様子しだいで他の者も出仕すること。
この規定から、寄合は当番の諸役人が出席して討議されたことが知られる。寄合では、藩内の訴訟や町中の訴訟、あるいは番衆からそれぞれの組頭に出された願書などが、まず所管の奉行や用人・番頭のもとに出され、その後寄合で吟味・裁決が行われた。重要事項は、藩主の直裁を仰いだ上で、当番の家老が担当の奉行・用人・番頭などに申し渡し、さらに担当の役人によって下に申し渡しがいく制度になっていた。

＊

宝永二年（一七〇五）、徳川吉宗が第五代紀州藩主となる。吉宗は「強運」の男だった。彼の父第二代藩主光貞は七三歳で家督を綱教（つなのり）に譲った。しかし第三代藩主はこの年宝永二年に在位八年目で死去し、その三か月後に失意の光貞もあとを追った。不幸は続く。その翌月第四代になったばかりの頼職（よりもと）までが世を去って、光貞の四男である頼方（吉宗）が図らずも第五代藩主に就任することになったのである。（吉宗は弥惣兵衛より二一歳若い）。

二二歳で藩主となった吉宗は、宝永二年一〇月から正徳六年（一七一六）四月までの足掛け一二年間藩政を主導したが、この間一貫して推進したのが、藩財政の再建であった。このころ全国の諸藩は、いずれも財政が悪化していた。その理由は、収入の基本である年貢が比較的固定していたのに

吉宗乗馬像（和歌山城前）

対して、江戸の藩邸や国元において、消費生活が進展し、支出が大幅に増加したことによる。紀州藩においても事情は同じで、吉宗が藩主に就任する以前の寛文八年（一六六八）に、すでに幕府から一〇万両を借りている。これはこの年に江戸の紀州藩邸が焼失した上に、領地が四月から八月にかけて、大干ばつの被害を受けたことによる。

さらに天和二年（一六八二）、元禄八年（一六九五）、同一六年と三度にわたり江戸の藩邸が焼失した。天和二年はいわゆる「お七火事」、元禄八年は四谷から出火し六万七〇〇〇棟が被災した大火、同一六年は元禄大地震（推定マグニチュード八・二）に伴う炎上である。この間、貞享二年（一六八五）には、三代藩主綱教と将軍綱吉の娘鶴姫との婚礼があり、元禄一〇年と一四年の二度にわたり、綱吉が紀州藩邸を訪問するなど、多額の出費が重なった。吉宗が藩主になる前に、巨費を必要とする葬儀や藩主就任の儀式が続いたことも藩財政を圧迫した。藩財政の再建は、彼にとって最大かつ最優先の課題であった。

第三章

紀州流の源流
――弥惣兵衛と才蔵②

知りたる事は等閑に存じ候故、仕損じ候者多し。
知れぬ事は念入りに聞き尋ね候故、誤なしと知るべし。

「紀州政事草」(伝徳川吉宗筆)より

〈もののふの時――紀の川を制し、大地を潤す〉

紀の川流域は晩春の小雨にけむり、野山の視界を妨げている。陣笠をかぶり蓑（みの）を羽織った武家の集団が、伊都（いと）郡小田（おだ）の紀の川右岸堤防上を下流に向かって歩いている。水脈（みお）の流れは水かさを増して生き物のように蛇行している。菅笠姿の農民たちは一行を避けるように土手の下で男たちの動きを見守っている。武士集団は紀州藩藩士たちであり、先頭を歩む二人は勘定奉行大嶋伴六と勘定方井澤弥惣兵衛為永である。これに続いて地方手代（じかたてだい）大畑才蔵が歩み、そのすぐあとに御普請担当の下級武士や手伝ら五人が続く。

「この辺りで、新しい井堰（いぜき）の説明を聞かせてくれ。藩主様（第五代藩主吉宗）も米の一大増産につながるものとして、貴公らの計画に大きな期待を寄せておられる。藩政改革はまず新田開発から、との御考えだ。紀の川の堤防も洪水を防ぐようになってくれるだろう」

大嶋は立ち止まると小雨を手で払いながら弥惣兵衛に命じた。

「この堤防こそ、貴公等の工法の勝利となるであろう。御普請を藩の直営工事にしたことで、〝暴れ川〟の紀の川を制することになりそうだ。『弥惣兵衛なければ才蔵なく、才蔵なければ弥惣兵衛なし』だ。二人が一つの輪になると、紀州藩五五万五〇〇〇石が誇る紀州流工法になる」

大嶋は視線を川面に移し満足そうに笑顔をつくって語を継いだ。

「過分なるおほめの言葉、恐縮に存じます。拙者に代って、井堰の工事を直接指揮する大畑殿に説明をさせます。大畑殿は、ここより下流に藤崎井を九年前に造り上げ大きな成果をあげています」。（井または井堰は水流を他所に引くために川水をせき止めたところ。今日の頭首工（取水堰））。

弥惣兵衛は才蔵を振り返って命じた。才蔵は還暦（六〇歳）を超えていたが、背筋を伸ばしたその姿は老齢を感じさせなかった。

「工事を一期と二期に分けて行いますが、工事はいずれも出水の時期を避け冬場から春先にかけて短期間で行います。農民を多く動員して一気に完成を目指します。相当額の出面（日当）をご用意ください。私が開発した『水盛の方』を駆使すれば工事での手戻り（失敗に伴う再工事）の心配はありません。完成の後には紀の川右岸約一〇〇〇町歩（一町歩は約一ヘクタール）の広い田畑を潤すことになりましょう。紀州で最大の灌漑施設となるはずです」

才蔵はきっぱりとした口調で説明した。

「ところで亀の川の改修と亀池の開発はどうなるのかね」

大嶋は弥惣兵衛に質した。

「こちらも大畑殿の英知をお借りして、拙者の出身地に近い所でもあり、拙者の責任において行う所存であります。すでに亀の川を真っ直ぐな河道にする改修には入っています。亀池が完成しますれば、亀の川流域に三〇〇町歩の新田が生まれます」

弥惣兵衛が答えると、大嶋は大声をあげて語りかけた。

「亀池とは面白い。『鶴は千年、亀は万年』というから、向こう一万年間は田畑を潤してくれるだろうよ」

小雨は上がった。紀の川流域の広野に陽光が降り注ぎ、川面が魚のうろこのように乱反射した。

（『才蔵日記』、『紀の川治水史』、『小田井土地改良区概史』、『日本の近世、支配のしくみ』、井澤家所蔵史料、海南市歴史民俗資料館資料、国土交通省和歌山河川国道事務所資料などを参考にする）。

＊

紀州（現和歌山県）一の大河・紀の川は「近畿の屋根」大台ヶ原に源を発する。高見川、大和丹生川、紀伊丹生川、貴志川などの支流を集めて西流し和歌山港に注ぐ。流路延長約一三六キロ、流域面積約一七〇〇平方キロ。いずれも紀州で最大である。（江戸時代、紀の川は「大川」と俗称されていた）。紀州では、この大河の右岸側にしか平地らしい平地を求めることができない。弥惣兵衛と才蔵は紀の川筋右岸の平地に目を付けた。平地が新しい井や水路の開削により、新田開発の計画からその面積がどれほど生まれるか、土地の付加価値をいかに上げるか、二人は自然との闘いに挑んだ。小田新井を論じるためには、これに先立って小田新井から三里（約一二キロ）余り下流に建造された藤崎井を語らなければならない。

元禄一二年（一六九九）、才蔵は勢州（現三重県）内の紀州藩領地の一志新井の堰造成工事が終わると、上司である弥惣兵衛の許可を得て、紀の川の藤崎井の水盛（測量調査）に入った。才蔵の計画では、藤崎井は那賀郡粉河荘藤崎地先の紀の川に井（大堰）を建設し、急流を導いて右岸の粉河、打田、岩出を経て、遠く海草郡山口（現和歌山市山口）まで延長五里一〇町（約二一キロ）の水路を走らせ、灌漑面積七八二町歩を潤すという かつてない雄大な構想であった。井と水路が造られる以前は、この地域は灌漑ができずやせ地が広がって畑作が大半だった。

藤崎井は、元禄九年から同一三年にかけて開削された。才蔵の「日記」によれば、元禄九年八月二六日から三〇日間那賀郡一帯を測量した。翌一〇年二月二日から三月一九日まで四八日間、岩出より山口の水路の末端までを測量して、さらに一二年四月二六日から六月二八日まで、再び那賀郡一帯の測量を続けたと記している。同年九月二三日から一二月一五日まで、八一日間藤崎新井御用と記されていることから、この間に水路の開削工事が行われたと考えられる。翌一三年二月に完成した。藤崎井は紀の川から取水して伊都郡と那賀郡の五三か村、高一万石（一石は約一八〇リットル）の水田を灌漑する。ここに弥惣兵衛と才蔵の紀州流の「原型」が誕生した。

藤崎井の現場写真（現在）

＊

宝永二年（一七〇五）二月から六三日間、才蔵は和田川の改修工事のため岡崎、出嶋、吉礼（以上現和歌山市）に滞在し、和田川と平行して低湿地であった安原郷開墾に取り組んだ。このとき造成された沖田井は吉原、広原、朝日（以上現和歌山

小田井の現場写真（現在）

市）など七〇町歩余、高九五〇石ほどを灌漑した。藩の下級役人として登用され、池の築造や用水の開削など、多くの農業土木工事に心血を注いできた才蔵が、最後の手腕を振り絞ったのが小田新井の大事業であった。

今日、小田新井は紀の川右岸の河岸段丘にのびる等高線を巡るように開削されている。北に和泉山脈がほぼ東西に走り、これに平行して紀の川が西流している。中央構造線上である。紀の川流域は豊かな平野を形成し、右岸に発達する段丘は、粉河から東は高位段丘・中位段丘が狭く帯状に、また粉河から西は、中位段丘・低位段丘がまとまりを見せて発達し、紀北農業の一大中心をなしている。この沃野を誕生させた一大利水事業を追ってみよう。「伊都小田新井御掘次頭書」（大畑才蔵）などを参考にする。

『才蔵日記』によれば、小田新井は、元禄九年（一六九六）に水盛して一一年後の宝永四年（一七〇七）五月から工事（普請）が始められている。「伊都小田新井御掘次頭書」は工事に関する数少ない史料の一つで、才蔵自筆の控え書きである。①工事に必要な人手の計算、②工事に関する諸費用の算定、③新たな工事のために差し引かれる田・畑・家屋の面積などの書き上げ、が記されている。

才蔵は紀の川右岸丘陵地の踏査を繰り返し進めていくうちに、伊都郡と那賀郡の境を南流する穴伏川（あなぶしがわ）に阻まれた。この地点でいかに水路を渡すか、またその位置をどこにするか。一番の難所であった。穴伏川の渡河位置、つまり高さを決めて水の取水口を、高野口町小田地先（現在）に求めた。現地を踏査した弥惣兵衛の助言もあった。

穴伏川の渡河位置や標高が決まると、取水口をどこに求めるか、丘陵地を上流方向に測量して行かなければならない。才蔵は紀の川の縦断勾配を水盛測量（水準測量）し、流下勾配（勾配を「たれ」と言った）を知ることから始め、次に穴伏川の渡河位置と紀の川の高低差を求めた。そして用水を円滑に安定して流す井溝の縦断勾配を求めた。この両者間の勾配差によって生じる高低差が、穴伏川渡河位置における紀の川との高低差を生み出し、同時に距離が必要となってくる。計算から取水口の位置が割り出されても、その位置が適地であるかを検討しなければならない。①洪水によって土砂で埋没しないか、また崩れないか、②絶えず水を取水することができるか、③周辺の地盤が固いか、などの立地条件が取水堰の管理から見て最適地の要件である。河床の安定を求めるのである。現在の高野口町小田付近は、これらの条件を満たす上、距離的にも取水可能の適地であった。

「小田新井御掘次入用下勘定之時留書、丑（うし）五月、大畑才蔵」は、小田井工事の際に弥惣兵衛などに差し出した書状の下書きである。表題に「小田新井御掘次入用下勘定之時留書」とあるように宝永四年からの第一期工事が終わり、第二期工事にとりかかってからの上司への伺い書である。「丑五月」とあるから宝永六年である。書状の発送は五月七日には一通、八日は四通、一〇日は二通、一一日が三通の計一〇通の下書きである。宛先がわかるのは井澤弥惣兵衛ら数人だけである。書状を書いた五月七日から一一日は、『才蔵日記』によると郡代官二見徳左衛門と那賀郡池田垣内村に滞在中に発送している。書状の下書きから、小田井の第二期工事がどの地点から起工し、終点はどの村であったかを調べる手がかりが得られる。例えば「去年は毛付（田植え）の時分にて名手川へ捨水有之」（現代語表記）とあり、宝永五年中に那賀郡名手川まで小田井が完成していたことがわかる。

さらに、大雨のとき小田井の管理に心血を注ぐ苦労をしていることや、宝永六年の田植えに粉河まで灌漑用水が来ない場合、才蔵の責任問題にまで発展しかねないことなどを、書状から読み取ることができる。藩直営の小田井の普請であっても、各村から水路設定場の要望もあり、また農家の立ち退きの必要なところもある。これらの難題を一つ一つ解決しながら工事を進めている。才蔵が苦労を重ねて工事を進めても、自ら藩の財政支出に限界がある。伺い書を出して、上司の決裁を仰がなければならない。『日記』に「老人の儀故物毎無覚束（おぼつかない）」と記した。才蔵は六八歳である。才蔵の上司である弥惣兵衛は藩会所詰役人で、藩の財政を処理し民生を担当した。弥惣兵衛は手形改（経理・監査担当）の職にも就いている。その後昇進して藩会所御頭分となった。才蔵の良き理解者だった。

＊

小田新井は江戸中期の農業土木技術の最高水準のものであり、弥惣兵衛と才蔵によって開発された「水盛器」を使った水準測量の成果は、統制された用水路の縦断勾配に表れており、その精密さは他の追随を許さない高度なものであった。起伏に富む段丘地形を水平に近い緩勾配で開削するたびに中小河川の谷間が立ちはだかった。これらもサイフォンの原理を応用した伏越や谷川の上に水路を架ける渡井または懸渡井で解決した。穴伏川の深い谷に無橋脚の水路橋を架設する難工事も、高度な技術力で切り抜けた。この水路橋は「龍之渡井」と呼ばれる。小田井の難工事を物語るものは、伏越や水路橋の多いことである。現在用水には九か所のサイフォンと「龍之渡井」など八か所の水路橋がある。

龍之渡井（現在）

才蔵の工法の特徴は、用水路を丁場（受け持ち区域）割にして丁場ごとに必要な資材や掘（掘削）、築（盛土）の土量などを算出したこと、そして、必要人足を割り当てて各工区ごとに同時に着工し、施工期間を著しく短縮したことである。丁場割の基礎として必要なことは、人夫一人一日の作業量の基準を算出することである。才蔵はこれについて、例えば土砂を一日で運搬する場合、「八里持ち」といって一荷（約五〇キログラム）を八里（約三一キロメートル）の距離、運搬すると定めている。経験に裏打ちされた合理精神がうかがえる。

丁場割は六〇間（約一〇九メートル）を基準とし、各丁場ごとの掘深・天端（堤防などの上端）幅を求めて掘り取り量を算出しに記録する。

所要労力を知る。さらに、現場の表示や施設物の種類、数量、位置などを決め、これらを一冊の帳簿

土木工事で精密さが求められるのは測量である。才蔵は竹筒と木で作った水盛台（レベル測量機器）を考案し、距離六〇間を一区切りとして測量し、三〇〇〇から五〇〇〇分の一という緩勾配の用水路を開削している。その他の工夫としては、水路壁の山側から水路壁の下と山側護岸の裏に砂の層を作って浸透水を排水し、また水路の盛土壁に脆弱箇所を意図的に作って大雨時の流入水による決壊を最小限に食い止める方法をとるなど、水路の保全確保に努めている。

「えらいもんじゃよ大殿様は、紀州・紀の川米でせく」

往時、紀の川街道筋を旅する人は、小田新井の大事業を見て舌を巻き、「米でせく」という皮肉ともとれるこの歌によって世に広くひろめ、功績を褒め称えた。井堰を竹蛇籠（じゃかご）で堰き上げたのを、米俵に見立てたのである。

小田井開削中の宝永四年（一七〇七）一〇月四日、紀伊半島から四国にかけての太平洋沿岸が大地震（推定マグニチュード八・六）に襲われた。紀州沿岸の漁村は大津波にのみ込まれ打ちのめされた。「宝永の大地震」である。紀州での被害は甚大であり、弥惣兵衛や才蔵らは小田井の工事中断を命じられ、被災現場に投入された。才蔵は『日記』に「老人たちも経験したことのない大地震で、土地が割れ裂けた。場所によっては、水や砂や土が噴き出す（液状化）現象が起こり、家が傾いたり倒壊した」と記した。犠牲者は、紀州で六八八人、大坂で七五〇人、土佐で一八四四人などとなっている。

全国で三万人以上が死んだとされる（『日本の大地震』）。この後、同年一一月二三日、富士山が大爆発した。「宝永の大爆発」である。江戸の町にも雪のように白い灰が大量に降りそそいだ。火山灰は大河川の河床を高め大洪水を誘発することになる。

＊

才蔵は、弥惣兵衛の指示を受けて、蛇行し水害を繰り返す亀の川を直線河道に改修した。宝永三年（一七〇六）には正月から一〇六日間現地で指揮をとり、内原村（現和歌山市）から西の川筋を替て雑賀川（和歌川）へ落ちるようにした。洪水をいち早く海に流すようにした。これは新川と呼ばれるようになった。新川は亀池築造に備える工事でもあった。

宝永六年（一七〇九）一一月、才蔵は御奉行大嶋伴六に随行して、山東筋代官の案内で、坂井村、小野田村、溝口村（以上現海南市）、冬野村（現和歌山市）を視察した。これは亀池築造の下見であった。亀池は弥惣兵衛の指揮によって築造された紀州で最大級の農業用溜池である。巨大なアース・ダムである。

翌宝永七年正月一六日から名草郡山東組坂井村（現海南市）で亀池の開削と堤防構築が始められた。山間地に残された小さな谷田池を使い、池の北側に高さ約九間（約一六メートル）もの堰堤（堤体）を築きあげ湖底や周辺の山肌を掘削して、池の大幅拡張を図るのである。弥惣兵衛は会所役人御頭分の職務にあって、才蔵の上司であり、二月と三月の二回、山東筋代官相川弥一右衛門を伴って現場をつぶさに視察した。人足は池下の一〇か村から延べ五万五〇〇〇人を動員し、総経費は銀七一貫匁（元禄一三年〈一七〇〇〉の一両は銀六〇匁であるのを基準に換算すると、一一八〇両ほどになる。今日の一〇〇億円余）という空前の大工事だった。池の面積は一三町歩（約一三ヘクタール）、周囲三〇町余（約三三〇〇メートル）。水源を上流の亀ノ欠に求め三二町の任せ溝（水路）で取水し同年四月二〇日に完成した。

開削に当たって普請方を竹田徳左衛門、樋伏り組方（池に溜まった水を堤の底を通して取り出す管水路を作る作業集団）を志賀勘助が統括した。樋伏り役・詰堀役（堤の芯に刃金を入れて水の浸透を防ぎ、池床や両側の地山に刃金を食い込ませるために、地山を削る作業の監督）・任せ堀役（水路を開削する作業の監督）・丁場割役（作業工区の割付をする役人）・物書役（会計や作業記録を担当する役人）を下役が分担した。丁場割役に保田太左衛門がいることに注目したい。

亀池（現在）

彼は弥惣兵衛が幕臣に取り立てられた際、その才能が買われ配下の技術者として行動を共にするのである。

支配下の郡から人足を多数出した名草郡奉行小笠原彦左衛門、鈴木又五郎、海士郡奉行岩橋幾右衛門、夏目金兵衛も常時現場に詰め、山東組大庄屋西村六左衛門、日方組大庄屋橋爪与三右衛門なども人足の掌握に出張した。農閑期の三か月余という短期間で完成した。驚くべき早さである。

先に下流域で改修された亀の川流域の名草郡山東組坂井村と海士（あま）郡日方組岡田村、多田村、且来（あっそ）村（以上現海南市）、吉原組の新井辺（にいべ）村、小瀬田（こせだ）村、薬勝寺（やくしょうじ）村、本渡（もとわたり）村、内原（うちはら）村、毛見（けみ）村、紀三井寺村（以上現和歌山市）が亀池掛り（亀池の水を田に引く権利をもつ村）となる。三二七町五反、高七〇〇〇石の田地を灌漑することになった。亀池が造成されたことにより、堂池や谷田池などの小池が新田に生まれ変わり坂井新田と呼ばれた。湖水のほとりに井澤弥惣兵衛の顕彰記念の石碑が建てられている。

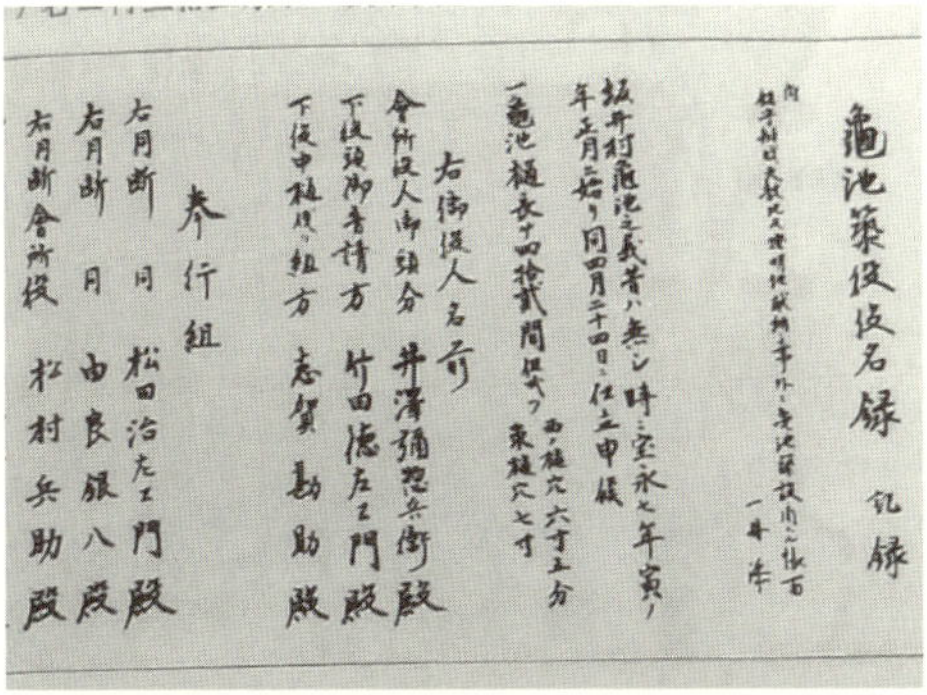

亀池築役役名録　記録

坂井村亀池之義者ハ無シ時ニ寛永之年寅ノ年五月ニ始リ同四月二十四日ニ仕上申候

一亀池 長サ十四拾弐間 西ノ樋穴六寸五分 東樋穴七寸

右御役人名前

会所役人御頭分　井澤弥惣兵衛殿

下役頭御普請方　竹田徳左エ門殿

下役中組役ノ組方　志賀勘助殿

奉行組

右同断　同　松田治左エ門殿

右同断　月　由良銀八殿

右同断会所役　松村兵助殿

亀池築役役人名録、筆頭に井澤の名（亀池土地改良区）

亀池の井澤顕彰碑

大正三年（一九一四）九月、亀溜池の水利組合・亀川村長桑原林之助によって建てられた。

才蔵は「地方の天才」と評されているが、彼が手腕を振るったのが、五四歳から七三歳である。高齢であったことは特筆すべきことだろう。享保五年（一七二〇）九月二四日、七九歳で地方巧者の生涯を閉じた。戒名は浄岸慈入居士で、墓は郷里の橋本市学文路にあり、和歌山県の文化財に指定されている。

＊

〈参考〉

才蔵の「水盛之事」（現代語訳）を読む。

水盛の台は、円周六、七寸（一八センチから二一センチ）の竹を長さ十尺（約三メートル）に切り、節を抜き、その中央に孔を穿ち、長さ一尺（約三〇センチ）の細い竹を差し込む。竹の先端には五器（水差し用）を取り付けるが、これは着脱自在にしなければならない。さて、長さ十尺の竹の先端に枕を付ける。枕は同型で、長さ一尺四、五寸（約四二センチから四五センチ）、一辺五寸（約一五センチ）の角材を用い、入念に装置する。枕の中央に長さ二尺（約六一センチ）の見当を立てる。見当の先端には長さ四、五寸（約一二センチから一五センチ）の板を打ち付ける。これは両方の見当を見合って、遠くに立てた見当を見通すためで、それは鉄砲の標準と同じ理屈である。

この台を土面上に据え、水平を保たせるためには、中央の五器から水を注がなければならない。尤も、両枕に長さ二寸（約六センチ）ほどの竹筒を挿し、同じ高さにそろえ、この竹筒の口から両方が

復元された水盛器（橋本市郷土資料館蔵）

同じように水が出れば、台は水平に置かれたことになる。これが水盛の原理である。

水盛台で土地の高低を知るには、台を水平に置いて両端の見当と前方の見当を一直線にそろえる。このとき手元の見当の高さと前方の見当の高さを測り（地面からの高さ）、両者の差を求める。

水盛台の操作には次の点に注意する。

一、水盛台は、いかに精巧につくっても台ごとに必ず癖がある。これがため、水盛に際しては台を数回振りかえて見当を測り、その平均値を求める。

二、水盛をする者にも癖がある。癖を除くには、台を測量する距離の中央（正確に二等分点でなくてもよい）に据え、上下（かみしも）両方を見るようにする。

三、計算するとき、見当の短いほうは掘り、長いほうは埋めることになる。これを誤らないことが肝要である。

四、井筋の測量で、見当をつなぎ合わせてゆく場合、つなぎ目の見当の高さに、その所の掘り寸法を加え、その値から下（前方）見当の長さを差し引けば下位置の掘り下げる深さが計算できる。

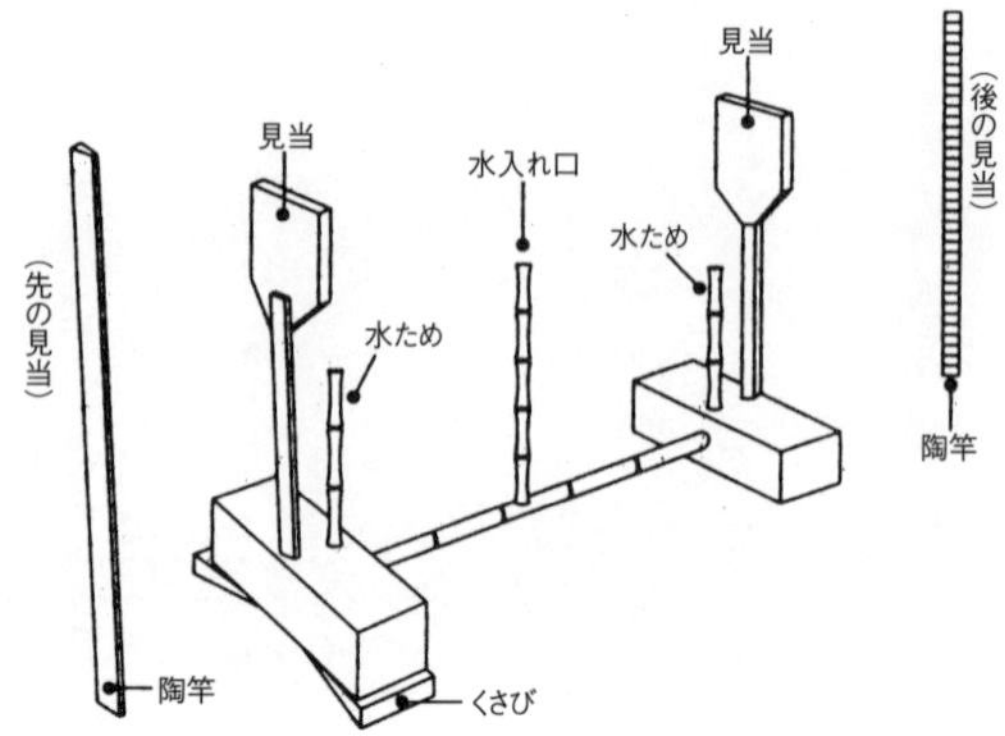

水盛り測量（さいたま市郷土博物館『見沼』より）

五、上（前の水盛り区間の下位置）の見当が地面から五尺（約一メートル五二センチ）あったとする。そこは二尺の築土が必要とされる地点。このとき下の見当も五尺あったとすれば、上の見当と築土高の差三尺（約九一センチ）を下の見当五尺から差し引いた二尺が下位置の築土高である。

続いて「水盛入用之道具並水盛台左ニ記」（現代語訳）である。

一、間竿、長さ二間（約三メートル六四センチ）、寸法を刻む、二本。

一、角材木、長さ一間（約一メートル八二センチ）、二寸角、二本、これは水盛台を据える台に用いる。

一、割りくさび、長さ四、五寸（約一二から一五センチ）、四本、水盛台の水平を得るとき、台の上げ下げに使う。

一、大工槌（大工の使う木槌または金槌）、二丁、水盛台の上げ下げ、杭打ちに使う。

一、小杭、長さ一尺四、五寸（約四二センチから四五センチ）

一、団扇、これは見当をにらむ人が持ち、遠くの見当を持つ人へ上下左右の移動を指示するために使う。

一、しるし竹、長さ一尺（約三〇・三センチ）、細い弱々しい竹へ、

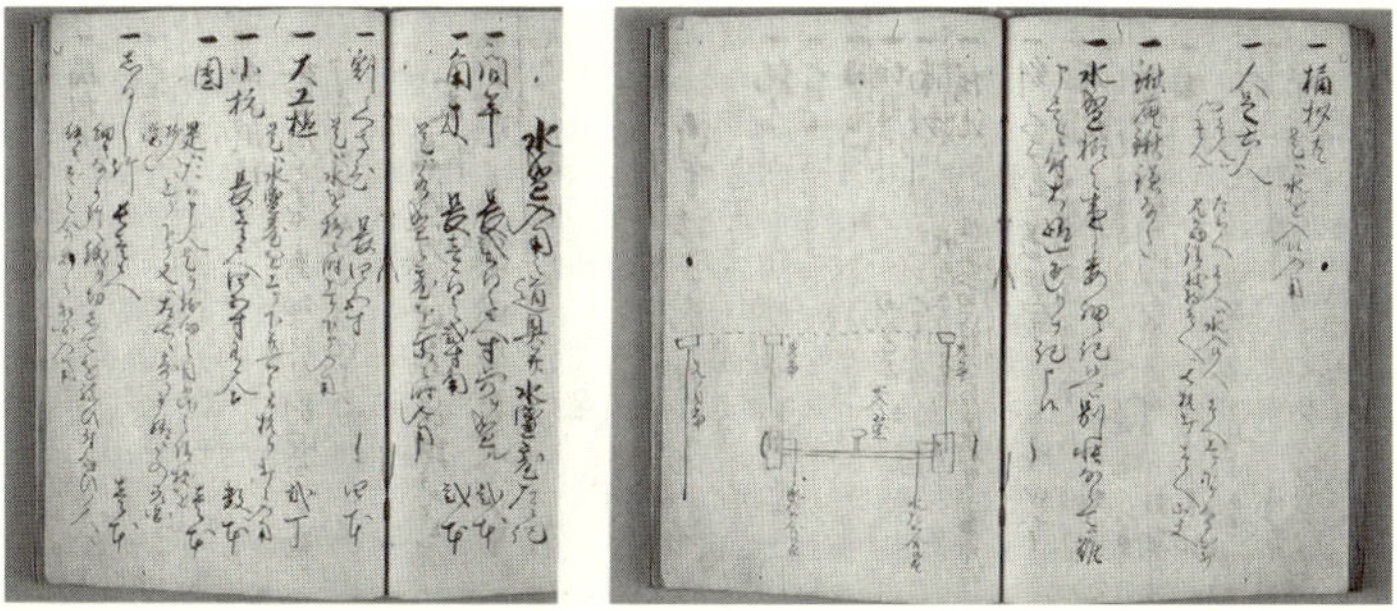

水盛り測量の方法「地方并普請方覚書」（大畑昌平氏蔵、和歌山県指定文化財）

紙を切って作ったしで（四手、垂手とも書く。神前に供える幣帛（布切れを結わえつけたもの）で、遠くの見当を持つ人に「よし」と合点の合図をするもの。

一、桶、杓（柄杓）とも、水を容れるために使う。

一、人足、六人。一人は見当を矯める人、一人は水を入れる人、一人は上げ下げのくさびを打つ、一人は前方の見当を持つ人、一人は杭打ち、一人は小間使い。

一、鍬、唐鍬（開墾・根切りに使う鉄鍬）、鎌、鉈。

大畑才蔵『地方の聞書』は農業土木の古典的文献である。才蔵が「子孫のためになるようにと、親の教えを伝え、身を立て家を興す種ともなるようにと、取り集めた作業の品々をかき集めたものである」と記すように家の発展を願って書かれた。しかし、才蔵は村役人から勘定人並という藩の下級役人に登用され、農政全般にかかわったことから、その内容は農業土木技術関係や年貢徴収に関する地方役人の基本的な心得を明確にまとめている。同時に藩領の紀州・勢州をくまなく回って獲得した豊富な作物栽培の技術、合理的な農業生産費の算定など、農業経営の基本を述べている。才蔵が最晩年の約二〇年をほとんど休むことなく勤め上げたことは、驚異的なことであるが、その気迫の裏には「農民の生活をよりよくするために」との強い意志が働いていることを知らねばならない。

第四章

〈米将軍〉に登用された還暦の技術者

――大開発の規範（モデル）・飯沼新田①

惣（すべ）て役人のけん高不忠なり。
夫々の役筋に向い、諸人相当礼儀有るべき儀なり。

勘定奉行は領内中預け置き事なれば、万事気を付け念を入れ
相勤めるべく候。第一川筋年中度々見廻りし、
川欠（かわかけ）（堤防決壊）にも相成り候場所手入れ普請申付けるべく候。

「紀州政事草」（伝徳川吉宗筆）より

〈もののふの時――仁政のために〉

「弥惣兵衛か、遠慮はいらぬ。もそっと近こう寄れ」

将軍徳川吉宗は、笑顔をつくり大柄な体を乗り出すようにして井澤弥惣兵衛為永を招いた。

「井澤殿、殿の招きである。御前まで進まれよ」

陪臣の一人老中松平左近将監乗邑（さこんしょうげんのりむら）が声をかけた。

弥惣兵衛は目を伏せながら膝行（しっこう）して、吉宗の声がはっきりと聞こえるところまで進んだ。

「苦しゅうない。面（おもて）をあげよ」

八代将軍は、扇子をしきりに煽ぎながら野太い声を張り上げた。弥惣兵衛は両手を着いて改めて礼をすると顔を上げた。享保八年（一七二三）七月二一日（今日の八月下旬）四つ（午前一〇時）、江戸城内の将軍面会所・白書院である。将軍の左手に松平左近将監乗邑（下総（しもうさ）佐倉藩主）、戸田山城守忠真（宇都宮藩主）、水野和泉守忠之（三河岡崎藩主）、安藤対馬守重行（美濃加納藩主）の四人の老中が夏の礼服姿で列座している。右手には勘定奉行の大久保下野守忠位、駒木根肥後守政方、筧（かけい）播磨守正輔、久松大和守定持の四人が居並んでいる。彼らは勘定方となる弥惣兵衛の直属の上司である。

「貴公（そち）は何歳になったか」

「還暦（六〇歳）を迎えました。いささか不要に馬齢を重ねました」

弥惣兵衛は答えると、言葉を継いだ。

「上様に置かれましては、御健勝とのこと何よりに御座います。紀州の本丸で一度拝謁致して以来の御面会でございます」

小じわの寄った広い額から汗が流れ落ちる。

「余は貴公より二〇歳も若い。健康には自信があるが、この国が重病に陥ってしまっている。曾祖父の権現様（徳川家祖家康）が亡くなって一〇〇年経ったが、かつてない財政の危機である。そこで紀州藩主と相談のうえ、貴公を幕臣として取り立てることを決めた次第だ。余は家筋の立派な男よりも能力のある男が欲しいのだ。家紋や家柄などにかまっていては世直しなど出来るものではない」

徳川吉宗（1684〜1751）

彼は、「将軍予備軍」として育てられてきた歴代の徳川将軍たちと大きく異なる経歴の持ち主であった。この特異な経歴こそ、吉宗が先例や格式にとらわれず、自ら意志を前面に出して政治を主導する重要な起因となった。

将軍は、紀州藩主時代の家臣であり、名だたる〈水の技術者〉である弥惣兵衛に同輩のように心を許して語り続けた。

「何よりも朝野を挙げて新田開発を進めたい。昨年日本橋の高札場に掲示した新田開発の奨励策は存じていよう。出来れば貴公と共に大畑才蔵も招きたかったが、二年前に亡くなったと聞いている。関八州で武州、総州の大掛かりな新田開発を評定した。貴公の初仕事となろうよ」

四〇歳の将軍は自ら見出した人材を前に上機嫌であった。

「老骨ではありますが、紀州流の治水・利水技術を存分に発揮し、大恩に報いる所存であります」

弥惣兵衛が早口に答えると、将軍は大きくうなずいた。

「関八州は伊奈家が代々利根川や荒川などの大河の川普請を行ってきた。新田開発も手掛けてきた。だが、もはや頼むに足りない。人物が出なくなったのだ。それゆえ貴公を起用するのだ。存分に働け。余になり代わったつもりで対処せよ」

陪臣の老中や勘定奉行は、うつむきながら将軍の言葉を聞き漏らすまいと耳を傾けていた。額や首筋に汗を流している。

「今日も猛暑だ。この雲の流れであると、夕方にはひと雨降って雷も轟くだろう」

気象観測に関心を示す将軍は、立ち上がると白書院の丸窓から空を見上げた。うるんだような青空から真夏の陽光が降り注いでいる。将軍の予測通り夕方には豪雨となって雷鳴が轟き、落雷が江戸の町を襲った。

紀州藩溝ノ口村の一介の豪農の子息に過ぎない井澤弥惣兵衛為永は、地方巧者としての技量や見識が認められ紀州藩士に取り立てられて奉行職にまで上り詰めた。百姓身分から武士身分に引き立てられて藩の技術職高官にまで昇進した。次いで六〇歳となって紀州藩士から幕臣（旗本相当）に抜擢され、全国の治水・利水事業を推進・監督する最高の技術職に就いたのである。士農工商の身分制度が確立した江戸時代にあって例を見ない土木技術者の昇進であった。この日から、彼は忍びよる老いや病いと戦いながら全国を股にかけた新田開発を展開する。

（茨城県史編さん委員会『近世史料Ⅲ　飯沼新発記』、長命豊『飯沼新田開発』、大谷貞夫『江戸幕府治水政策史の研究』、黒葛原祐『弥惣兵衛父子』、『茨城県史』、茨城県内の各市町編集地方史、海南市刊行史料を参考にする）。

＊

享保七年（一七二二）七月二〇日、幕府は江戸日本橋南詰（八重洲側）に新田開発を奨励する高札を立てた。（原文の一部はカタカナ。現代語表記とする）。

「
覚

一、諸国御料所又は私領と入組候場所にても、新田に可成場所於有之は、其所之御代官、地頭並びに百姓申談、何も得心之上、新田取立候仕形、委細絵図書付にしるし、五畿内は京都町奉行所、西国、中国筋は京都町奉行所、北国筋、関八州は江戸町奉行所え可願出候、願人或は百姓をだまし、或は金元之ものえ功を以勧め、金銀等むさぼり取候儀を専一に存、偽りを申出るものあらば、吟味之上相とがむるにて可有之事

一、惣て御代官申しつけ候筋之儀に付、納方之益にも不相成、下々却て致難儀候事在之ば、可申出之、併申立つべき謂も無之、自分勝手によろしき儀計願出においては、取上無之候事

右之趣可相心得者也

寅七月二六日

奉行」

幕府領または私領と入り組みになっている領地で、新田として開発できる場所があれば、代官・領主・農民が話し合って開発を願い出るように、との達（たっし）である。民間資本をあて込んだ積極的な新田開発政策を打ち出したのである。高札は日本橋だけに立てられたものであるが、開発願書は五畿内が京都町奉行所、西国・中国筋も京都町奉行所、北国筋・関東が江戸町奉行所で受け付けることになっており、広範囲に大規模開発を想定している。財力に窮する幕府が期待していた願人は町人であり、豊かな町人資本を利用した町人請負新田が奨励されることになった。日本橋の高札は商人資本に向けて出資を促したのである。

この高札こそ、八代将軍徳川吉宗が断行した享保改革の〝象徴〟といえるものであった。改革の中で、財政再建の重要な政策として打ち出されたのが、年貢増徴政策と新田開発政策であった。年貢増徴政策は年貢収入を増やす手っ取り早い方法であるが、米の現物納を原則とする租税体系には限界がある。これを打開するには、既存の農地の生産力を高めるとともに、新しい土地を開発して耕地面積を拡大することが不可避であった。

＊

物見高い江戸っ子は、幕府の通達である高札の周りに群れをなした。だが庶民の暮らしに直接かかわらないと思ったせいか、人の輪はいつしか崩れてしまった。その日の夕方、地方から江戸に出てきた品のいい中年男が目を凝らして高札に墨書された文字を一字一句確認するように読むと、興奮を抑えきれない様子で矢立から筆を取り出した。彼は筆を口にくわえると、今度は懐から懐紙（和紙）を取り出して高札の文字を書き写し始めた。筆記が終わると男は小躍りするように走り出した。

この男は、下総国岡田郡尾崎村（現茨城県八千代町尾崎）の名主左平太である。彼の正式名称は秋葉佐平太で、岡田郡尾崎村名主五郎兵衛の子息であり、長じて父に代わり名主を務め、左平太を襲名する。秋葉家は中世からの土豪で、近世に入ってからは尾崎村の名主を世襲し、代々にわたり五郎兵衛か左平太を襲名する地元を代表する旧家である。したがってそれまでにも秋葉家では左平太を名乗る者は少なからずいた。飯沼新田開発に直接かかわることになる左平太は、墓碑には左平太勝政と記され、元文五年（一七四〇）閏七月一二日没と記されている。しかし生誕や没年齢などは不明である。左平太勝政の父、五郎兵衛政久は享保八年（一七二三）に没しており、彼はこれより早い時期に名主役を務めていたと考えられる。名主左平太は飯沼新田開発中からその後も続いて、同一九年一月に名主退役願いを代官所に出している。左平太の跡役は

左平太篋宝印塔（供養碑、茨城県八千代町八坂神社）

子息五郎兵衛保道（勘蔵）が継ぐ。しかし五郎兵衛は同年一〇月江戸に出たため、左平太は再び名主を務めることとなり、元文五年の没年まで名主の役にあった。（左平太は飯沼新田開発に当たり、沼廻り村々に対して常に指導的な役割と働きをし、幕府側への対応では一身を投じて尽力するのである）。

左平太は馬喰町（ばくろちょう）の定宿に帰ると、道々考えてきたことを実行に移した。「飯沼御新田願」を自己の一存で奉行所に提出することにした。下総（現茨城県南西部）の飯沼縁（べ）りの村へ帰り村々の衆議をまとめようとしても混乱するだけで結論が得にくいと考えた。村と江戸とを往復するだけで五日は必要であった。心の知れた村々の名主の名前を書き連ねて、願書だけは江戸滞在中に奉行所に差し出しておこうと決めた。「独断専行」であった。村から連れて来た小者（こもの）の源三に墨をすらせ、筆頭に自分の名前を書き、二〇か村の名主名を書き込んで、自分の名前の下に捺印した。他の一九人の名主の名前の下に連印はなかった。彼は源三に外出の用意をさせた。一気に書きあげた願書を作法どおりに折り、表書きをして袱紗（ふくさ）に包んだ。源三を従えて宿を出ると、牛込肴店町（さかなだなまち）の両替商庄右衛門を訪ねた。金元証人になって欲しいと要請した。

「金元請人（うけにん）になりましょう」。庄右衛門は二つ返事で了解した。条件は整った。「善は急げ、だ」。左平太はその日のうちに江戸町奉行に駆け込んで、「願書」を中山出雲守時春に提出した。「願書」は印漏れではあったが、受理された。七月二三日（旧暦、今日の九月三日）、高札が立てられてからわずかに三日後であった。

＊

関東五ヶ国水筋之図（船橋西図書館蔵）

享保五年（一七二〇）五月（旧暦）、幕府は国役普請令を発した。それまで領主は、自力で支配領域の河川の普請（改修事業）を行ってきた。だが、広範囲を流れる河川は、いくつもの所領にまたがって流れており、しかも経済的に自力で賄うことのできない領主もいて、普請が思うに任せない状態にあった。幕府は今後、一国一円を支配する国持大名や二〇万石以上の大名は、それまでどおり自普請を行わせるが、それ以下の領主は、領主の力の及ばぬ大きな普請については、幕領・私領であろうと区別なく国役割合にて普請を行い、幕府も費用の助力をするので申し出でよとの命令を出した。ただし二〇万石以上でも、所領石高が分散して少分の領地になっている場合には例外としないとの規定が出された。

国役普請は臨時の制度ではなく、以後恒常的に施行された制度であり、幕末まで継続された。法令の実施に当たっては、例えば利根川の普請を行う場合、幕府は一〇分の一を負担し、残りは利根川周辺の幕領や私領さらには寺社領の別を問わず、二八八万石余に相当する武蔵・下総・常陸・上野・安房・上総六か国農民に国役として費用の一〇分の九相当を捻出させるとの方法をとった。ただし、国役の賦課は限度額があり、高一〇〇石について銀三〇匁を限度とする制度とした。

江戸時代初期では、普請人足として農民が実際に夫役に徴発されたが、この享保五年の制度は工事については町人に請け負わせた。請け負った町人が労働力を編成して工事を担った。この国役普請は、全国に及ぼされた制度ではなく、関東・東海・越後・美濃・畿内に地域が限定されていた。従来、美濃と畿内には国役普請制度はあったが、この制度化に伴って改変され新制度に組み込まれた。川除普請の必要な河川は日本全国に及んでいるはずであるが、幕府が国役普請制度を命じることができたのは畿内までで、畿内より西と関東以北はこの対象から外されていた。

〈参考〉

国役普請が賦課された河川

武蔵国／利根川、荒川　下総国／小貝川、鬼怒川、江戸川　下野国／大谷川、渡良瀬川など　上野国／烏川、神流川　遠江国／大井川、天竜川　駿河国／富士川、安部川　相模国／酒匂川、相模川　信濃国／千曲川、犀川　越後国／信濃川、阿賀野川、魚野川など　美濃国／木曾川、長良川、郡上川。

＊

測量術について考えたい。江戸時代、長崎は鎖国日本のただ一つの西洋文明の受け入れ口だった。幕府の出先機関・長崎奉行所の与力樋口権右衛門は『規矩元法』を著している。慶安元年(一六四八)のことで、玉川上水が完成する六年前、三代将軍家光のころであった。この図書は、権右衛門がオランダの外科医カスパルに学んだ、いわゆる「南蛮流町見術(測量術)」をまとめたものであった。「コンパスと定規とを用いて遠近高低を測り知ることができるので、一種の幻術だ」とされ、幕府によって「みだりに広めるべからず」と、伝授を禁止された(『明治以前日本土木史』)。この町見(測量)術は「樋口流」と呼ばれ、金沢刑部へと伝えられたが、さらには清水流へと流れが広がる。金沢は左衛門の父、金沢刑部左衛門は島原城主高力高房の家臣で長崎の樋口権右衛門から西洋流の測量術を学び、長子清左衛門に測量術を伝授した。

正保元年(一六四四)幕府は諸国に命じて、国絵図を作成し提出させた。このとき、国絵図から日本全図を編纂する仕事を担当したのが北条氏長である(「正保日本図」慶安四年・一六五一)。また、明暦の大火ののち、幕府は北条氏長に復興のために江戸実測図の作成と区画整理を命じた。その際彼は、西洋流の測量術に熟達した金沢清左衛門を登用し事業に当たった。その成果として、「寛文江戸図」が出版された(明暦三年・一六五七)。津軽藩に仕えた金沢勘右衛門は実弟である。

この前後に知られた測量家として名のある人々は、北条安房守正房(のちに氏永)、関孝和、渋川春海(安井算哲)、西川知見、川村孫兵衛、本多利明、建部賢弘、会田安明らであった。大畑才蔵も同時代人であり、その創意による「水盛器」は昼間に使用できることからも画期的な発明であったことは既に記した。

日本における近代科学技術思想の形成を顧みるとき、その源流は享保五年（一七二〇）の将軍吉宗による蘭書解禁以後の思想状況に求められる。

御書物奉行を務めた近藤守重（北方探検で知られる重蔵）は、その書『右文故事』に「この年（享保五年）ヨリ長崎舶来禁書ノ内西洋人ノ著述タル共邪法教化ノ事記サザルモノ御構之無キ旨ナリ」と記した。

江戸初期おける蘭学の発達は、鎖国下にあることから西洋の学術・知識の吸収や研究は、困難であったが、西川如見や新井白石が世界の地理・物産・民俗などを説いてその先がけとなった。次いで将軍吉宗は、漢訳洋書の輸入制限をゆるめキリスト教関連以外の書物の輸入を認めるとともに、青木昆陽・野呂元丈らにオランダ語を学ばせたので、洋学は蘭学として発達した。吉宗の蘭書解禁に伴う実学の奨励が契機となって、西洋科学に対する理解が洋学者たちの共感を伴いつつ着々と進展した。いちはやく取り入れられたのは、実用の学問としての医学で、安永三年（一七七四）前野良沢や杉田玄白らが西洋医学の解剖書を訳述した『解体新書』は、その画期的な成果であった。

＊

吉宗による本格的な幕府財政の再建は、農政・財政を担当する中枢機関である勘定所の機構の再編から始められた。勘定所は、享保六年（一七二一）閏七月の「達」により、公事・訴訟関係を受けもつ公事方と、年貢・普請などを受けもつ勝手方に分割され、職務分担が明確化された。同七年八月には、勘定方の上級官僚である勘定奉行と勘定吟味役をそれぞれ公事方・勝手方の二つの部門に分け、たがいに他方の職務にかかわらないこととし、ここに勘定方機構の二部門体制が整備された。

享保七年七月、逼迫した財政の再建に向けて、吉宗は「上米の制」と呼ばれる法令を発した。旗本・御家人の増加に伴う給米支出の増加に対して、年貢の増収が追い付かず、毎年赤字となっていた。しばらくは、各地の城に非常用に貯蓄していた城米を回したり、城金を使ってやりくりしていたが、享保七年には、ついに旗本の給米も渡せなくなり、日常業務のための経常支出も不足するという事態に陥った。幕府は諸大名に命じて米一万石につき一〇〇石の割合で上納させた。

幕府は勘定所に新田掛を設けて新田開発を促進し、享保七年九月には新たな法令を出した。

「この日令せらるるは、すべて新田開墾あるべき所をただされて、ささわることなくば、そのまま墾闢せらるべし。私領の地の辺、これまで耕さずある山野、海浜、河岸類は、公よりひらかるべし。しかれども私領の中に、ひらくべきの地あるは、そのかぎりにあらずとなり」（『徳川実紀』第八編）。この法令によって、私領の周辺で未耕地となっている山野、海浜、洲渚、河岸などは開発に当たって幕府領に組み込まれた。これはかなり強引な幕府の増収策である。だが新田開発の無秩序な進行を防止するという点からは効果があった。この時期、吉宗は紀州から井澤弥惣兵衛為永を召し出すよう幕閣に命じた。

＊

尾崎村の名主左平太が提出した「飯沼御新田願」は、左平太以外の願人の印がないことから、奉行所ではこれを「一時預かり」とし、改めて沼廻りの名主二〇人の連印が捺された「願書」を提出す

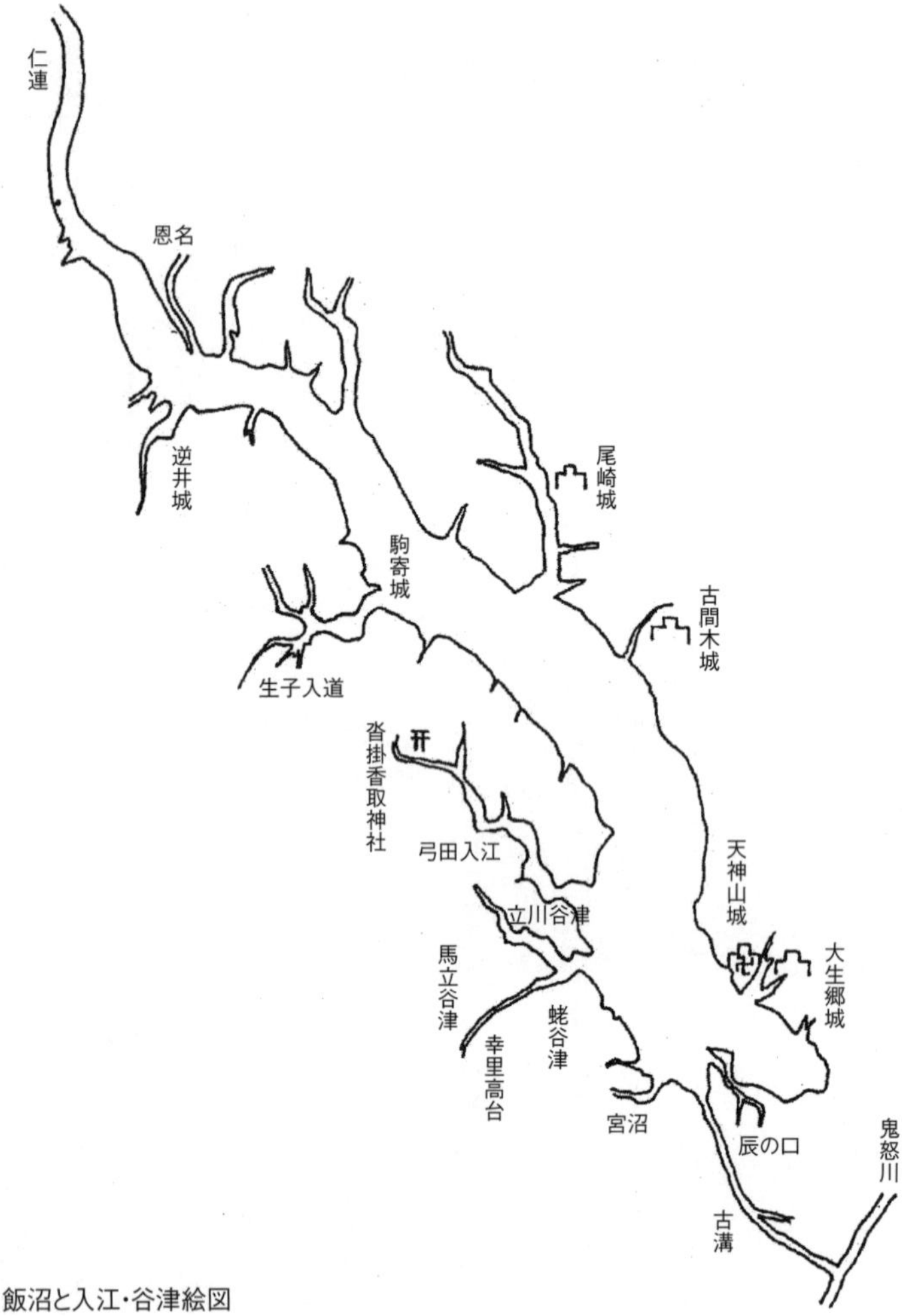
仁連
恩名
逆井城
尾崎城
駒寄城
古間木城
生子入道
沓掛香取神社
弓田入江
天神山城
立川谷津
馬立谷津
大生郷城
蛯谷津
幸里高台
宮沼
辰の口
鬼怒川
古溝
飯沼と入江・谷津絵図

るよう求めてきた。村廻りの名主たちは、「願書」が江戸町奉行所に出されたこと、その体裁に不備があることは聞かされていた。そこで彼らは再提出の達しを待つまでもなく、新たな「願書」の作成に取りかかった。享保七年(一七二二)八月二二日、「願書」は改めて奉行所に提出された。この「願書」は二〇か村の名主たち四一人の連印によるもので、内容は三か条である(長命豊『飯沼新田開発』、現代語訳)。

「一、飯沼廻り二十三ヵ村は、古田へ飯沼水を用水に使う所はなく、飯沼は悪水溜りのうえ、鬼怒川の水も入り込み、古い田畑に冠水して困っている。飯沼新田開発は、以前より新堀にてお願いし、御代官の調査見分もしてもらい新田後は高三万石にもなると思われる。これまでの証文は、飯沼支配の御代官に渡してある。

一、右の新堀願いの村々に対して、三ヵ村は古堀浚立て願いをしているが、古堀浚立てにては飯沼新田開発は不可能なので、このことは合点がいかない。

一、新田開発願いのこと、高札を拝見し、改めて自普請による新堀願い、そして新田開発をいたすので、許可くださるよう。

右の通り聞きわけ、新堀願上げ通り仰せくだされば、新田も出来、そのうえに古い田畑共に水腐れせず、沼廻り惣百姓は永々のお救いになり、有り難く思います」

飯沼新田開発は幕府の御墨付きを受ける準備が整ったかに見えた。

＊

享保七年（一七二二）一〇月八日、紀州藩伝甫蔵奉行（米蔵の出納、切米付与担当）井澤弥惣兵衛為永は藩主徳川宗直に呼び出された。

「将軍吉宗様から、昨日書状が届いた。新田開発の専任巧者として貴公を幕府に召し抱えたい、とのご意向である。幕府特別職〈在方御普請御用〉に取り立てるとのご判断である。異存はあるまいと思うがいかがであるか。わが藩の名誉でもあるぞ」

弥惣兵衛は唐突な要請に驚嘆した。しばらくうつむき加減でいたが、顔を藩主に向けるときっぱりと言い放った。

「拙者は六〇歳となります。論語で申せば耳順の齢（よわい）でございます。耳で聞きわける歳になりました。将軍様の御配慮に叶うよう粉骨砕身、尽力する覚悟です。将軍様の仁政のために汗をかく所存です」

「淀川の川除普請、琵琶湖の新田開発さらには東海道の川普請などを見分したうえで、来年夏までには江戸に入れとの御命令である」

将軍の性格をよく知っている藩主は満面に笑みを浮かべて声をあげて語りかけた。

第五章

弥惣兵衛と名主たち——大開発の規範（モデル）・飯沼新田②

主人は扇子の要（かなめ）、骨は諸役人、地紙は惣家中と心得べし。

「紀州政事草」（伝徳川吉宗筆）より

〈もののふの時――晨に出て夜に帰る〉

「新田開発に当たって、大事な問題を話しておきたかった。それでわざわざ集まってもらった。この干拓事業に失敗は絶対に許されないことを改めて強調したいのだ」

幕府勘定方井澤弥惣兵衛為永は集まった飯沼廻り村々の名主ら四〇人を前に語り出した。いつものように脇差を差し、手には扇子を持っている。享保八年（一七二三）九月一日（今日の九月二九日）夜、飯沼縁りの尾崎村名主左平太宅の大広間である。部屋の四隅に置かれた行燈の明かりが弥惣兵衛の顔に陰陽の輪郭を刻む。名主たちは全員白面で定刻前に集まった。

「新田開発は皆の協力がなければ進まないことは言うまでもないが、沼の悪水を排水しただけでは干拓にはならないことは存じていよう。飯沼干拓は杭打ちしたのちでなければ断言できぬが、一〇〇〇町歩（約一〇〇〇ヘクタール）以上の水田が生まれるはずである。水田にするために沼を干しても用水が不足すれば稲は育たぬ。新田を拓く前に、排水路はもとよりだが用水路をどう確保するかを考える、これが紀州流である。代わりの用水、つまり〈代用水〉という仕法だ。是非これを理解し用地確保に協力願いたい」

弥惣兵衛は一気に語りかけると、茶碗を手に取り茶をすすった。

「今日までの現地見分で、代用水は鬼怒川から引いた方がよいとの結論に至った。鬼怒川から用水路を掘るには随分北の上流部から開削せねばならないだろう。皆はここで生まれ、ここで育っ

名主左平太邸宅（現在、茨城県八千代町尾崎）と左平太の門礼（今も左平太名）

た。皆の知っていること、役に立ちそうなことは何でも教えてもらいたい。〈川のことは土地の者に聞け〉が川普請の鉄則である」

弥惣兵衛は視線を一同にめぐらしたのち、軽く頭を下げた。

「工費を節約し、工期を早める。そして皆に迷惑のかからない場所に新堀を掘る。これが拙者の心積もりである。公儀の評議の場でも拙者は自説を曲げたりはしない。信用されたい」

静かではあるが明快な弥惣兵衛の口調は名主たちに信頼感と勇気を与えた。

「拙者の『座右の銘』は『晨出夜帰（あさにでよるにかえる）』の四文字でござる」

弥惣兵衛はこう語りかけると立ち上がった。四隅の行燈の炎が燃え盛っていた。

吉宗時代の新田開発には際立った技法上の特徴があった。吉宗が紀州藩から呼び寄せた技術者たちは、紀州流を幕府の治水制度の中核に据えた。それは強度を持った築堤技術と多種の水制工を用いた河川流路の制御技術（「川除（かわよけ）」という）とを使って、大河川の流れを連続長大の堤防の間に閉じ込めてしまう仕法であった。この水の技術者の代表格が井澤弥惣兵衛為永その人だった。紀州流工法によって、大河川下流域の沖積平野や河口デルタ地帯の開発が可能となった。同時に、堤の各所に堰と水門を設けて、河川から枯渇することのない豊富な水を農業用水として引き入れることにより、河川流域だけでなく遠方にまで及ぶ広大な領域に対して田地の灌漑を実現した。

（茨城県史編さん委員会『近世史料Ⅲ　飯沼新発記』、長命豊『飯沼新田開発』、大谷貞夫『江戸幕府治水政策史の研究』、橋本直子「開発の地域史―享保期新田開発と関東」を参考にする）。

＊

享保八年（一七二三）六月下旬（旧暦）、和歌山城下の武家屋敷を出発した弥惣兵衛の一行は、田井ノ瀬に向かい、紀の川を渡り、山口を経て、雄の山峠を越えて、泉州の貝塚（現大阪府貝塚市）に出た。この道は大坂に向かうことから「大坂道」と呼ばれ、六代宗直以降の紀州藩主の参勤交代にも使われた。弥惣兵衛に同行したのは、長男楠之丞正房（まさふさ）、紀州藩士木技術者保田太左衛門、同塩路善太郎、槍持ち嘉吉、中間（ちゅうげん）嘉平次、それに紀州商人の鈴木文平と兄高田茂右衛門である。鈴木と高田の兄弟は同じ紀州人であり、目的地も同じ江戸であったことから、弥惣兵衛の配慮で一行と合流した。この偶然の邂逅（かいこう）は後年重要な意味を持つことになる。弥惣兵衛はじめ全員が江戸に移住するのであり、妻子や従者を同伴させたと思われる。

井澤氏系図

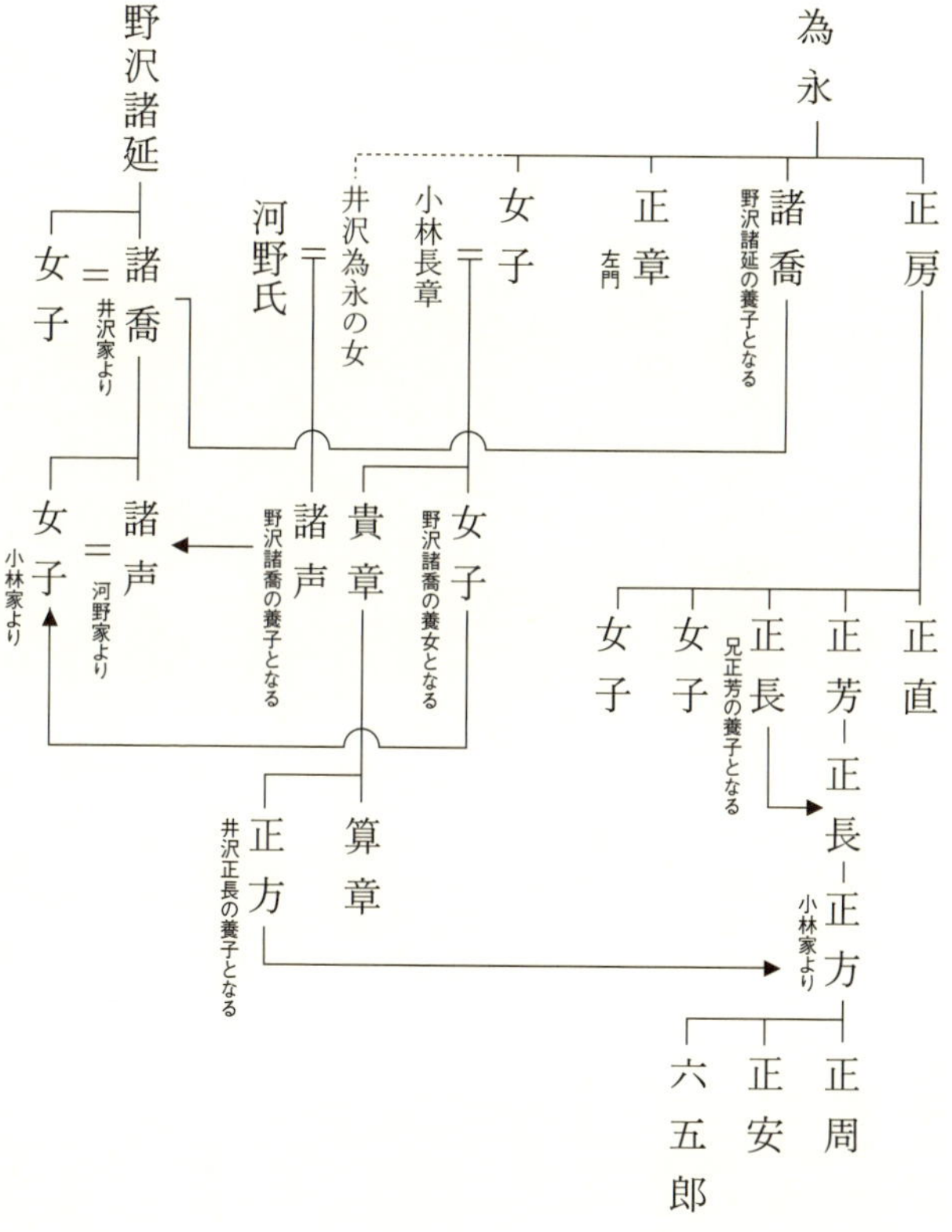
為永
正房
諸喬
野沢諸延の養子となる
正章
左門
女子
小林長章
井沢為永の女
河野氏
野沢諸延
諸喬
井沢家より
女子
女子
野沢諸喬の養女となる
貴章
諸声
野沢諸喬の養子となる
諸声
河野家より
女子
小林家より
正直
正芳
正長
兄正芳の養子となる
女子
女子
正長
正方
小林家より
算章
正方
井沢正長の養子となる
正周
正安
六五郎

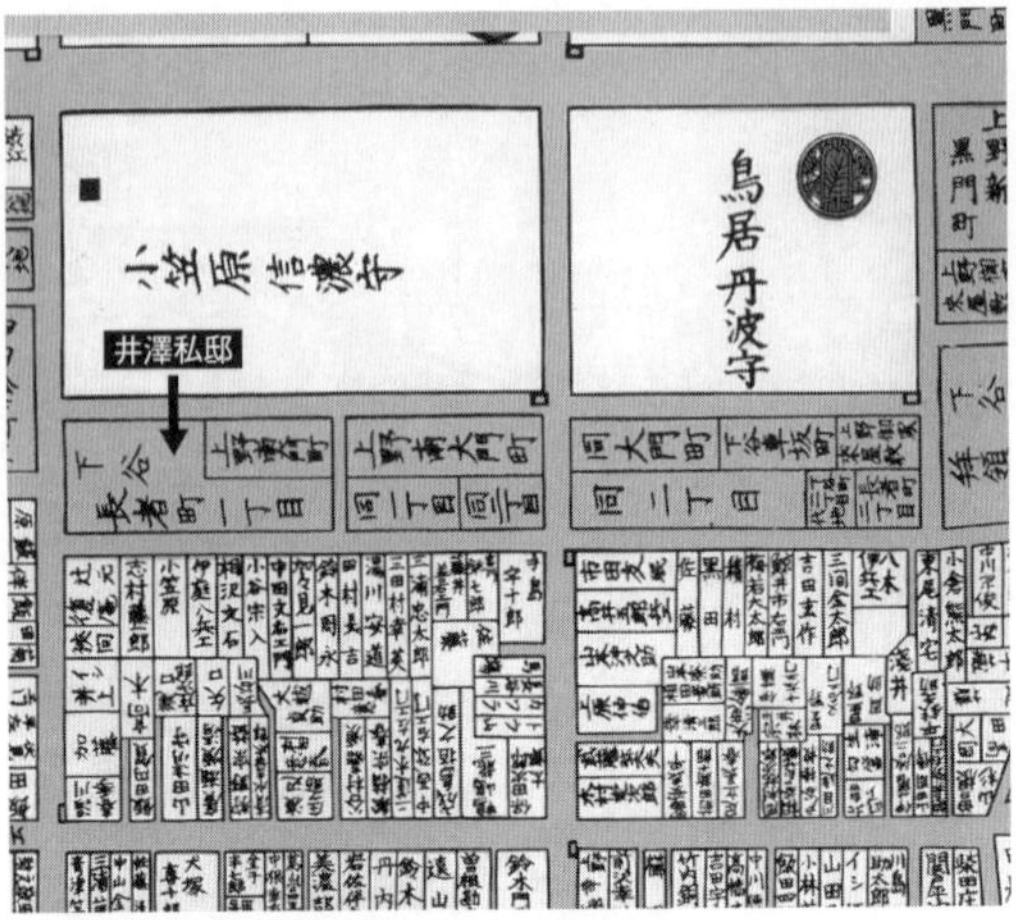

井澤私邸付近（東都下谷絵図、江戸中期）

彼らは、淀川の普請現場を訪ね、琵琶湖の新田開発を見分し、さらには東海道を東上して長良川、天竜川、大井川、酒匂川などを視察し、七月半ばに江戸・品川宿に着いた。その後、勘定奉行筧播磨守配下の御家人から、下谷長者町（JR山手線御徒町駅付近）の屋敷を確保したとの連絡があり、弥惣兵衛らは武家屋敷の多いこの地に移ることとなった。

ここで弥惣兵衛の係累について触れておきたいが、著名な人物の割には不明な点が多い。『寛政重修諸家譜』によれば、「妻は井澤氏の女、後妻は池部氏の女」とある。東京・四谷の菩提寺心法寺の墓石に刻まれた戒名は、弥惣兵衛が「崇岳院殿隆誉賢巌英翁居士」、元文三戊午歳（一七三八）三月朔日、行年七十六、妻が「清亮院殿楊誉貞流智室法尼」、延享三丙寅（一七四六）十月二十四日（行年記述なし）。入谷永代日緑寄附（墓石左側の側面）とある。子供は長男「正房　楠之丞、弥惣兵衛（後年父の名を継ぐ）、母は井澤氏の女」。次男「諸喬、長之助、恵左衛門、野澤恵左衛門諸延が養子」。三男「正章、左門」。長女「女子、小林左十郎長章が妻」。三男の記述が簡単すぎる。弥惣兵衛の郷里海南市の井澤家に残されて

井澤正義の位牌（左）と墓（墓中央、泉南市金熊寺）

いる「伊沢系図」によれば弥惣兵衛の跡を継いだのは長男正房ではなく、「正義、理兵衛、賢岸、大僧都法印、泉州金熊寺村観尊一代……」とある。金熊寺は真言宗高野山金剛峯寺の末寺で、同寺には住職正義の墓と位牌が現存する。同寺の過去帳には「明和八卯（一七七一）十月十日当寺住七年、生年没年四十八、伝燈大阿闍梨法印賢岸彦超、生国紀州野上新村、井澤氏産」とある。

黒葛原祐『弥惣兵衛父子』（連載二四）によれば、弥惣兵衛は「享保九年春まだ浅い頃妻を失い、現在の妻は後妻で池部家から来ていた」と記述されているが、これを裏付ける史料が確認できない。以上の資料などから、弥惣兵衛は紀州藩士時代に同郷の井澤家から最初の妻を迎えた。晩婚であり、妻との年齢の差は一〇歳前後あったのではないかと推測される。四〇歳代の後半になって正房をもうけ、次いで諸喬、さらに正章をもうけた。諸喬は養子となった。正章誕生一年後に江戸に呼ばれている。（江戸に出た井澤家は「分家」扱いだったとの説もある）。ここで幼い正章を実家に後継ぎとして残し、正章は長じてのち正義と名乗り真言宗の僧侶となったと考える。『寛政重修諸家譜』の「左門」は「沙門(さもん)」の誤記ではないだろうか。沙門は出家して仏門に入る者を言う。真言宗は妻帯を認めないことから、実家の「系図」が、彼以降を記していないのは当然である。享保九年春に、妻が亡くなったとすれば、長女を産んだのちの産後の肥立ちが悪く他界したのではないだろうか。今日でいう高齢出産である。その後、弥惣兵衛は池部氏の息女と江戸で再婚した。心法寺の墓石に刻まれた妻は後妻であろう。後妻の実家池部氏は幕府役人だったと思われる。正房の系譜（末裔）は確認されている。

＊

享保八年（一七二三）七月一八日、弥惣兵衛は江戸城に初めて登城し、幕府要人に挨拶して回った。勘定奉行駒木根肥後守から「本日上様は隅田川恒例の舟遊びに出掛けられている。二一日に御目通りが叶うようにしたい。辰の刻（午前八時）には登城願いたい。上様も貴公との面会を楽しみにしている様子だ」と伝えられた。『徳川実紀』（享保八年七月一八日の記述）には、「紀藩の士、井澤弥惣兵衛為永、新たに召し出されて勘定となり廩米(りんまい)（俸禄）二〇〇俵を給う。これは新田の開墾、河渠(かきょ)の浚利(しゅんり)など、年ごろ熟せしきこえあるをもてなり」と記されている。〈米将軍〉吉宗が、弥惣兵衛の新田開墾や河渠浚利（水路開削）などに大きな成果をあげていることを熟知して抜擢(ばってき)したのである。二一日、幕閣が見守る中将軍に拝謁し、「紀州流の治水・利水技術を存分に発揮し、大恩に報いる所存であります」と決意を述べた。拝謁後、老中松平乗邑(のりむら)が声をかけた。

「貴公（そち）は『諸国山川掟（しょこくやまかわおきて）』を読んでいるか。まだであるならばお貸ししよう」

弥惣兵衛は借り受けてさっそく読んだ。幕府は、寛文六年（一六六六）二月二日付で「諸国山川掟」を発した。幕府は新田開発万能主義の弊害に気づき、本田畑中心主義に転換すべきだとして、日本で初めて治山治水を説いた法令を発令した。久世（くぜ）大和守、稲葉美濃守、阿部豊後守、酒井雅楽守（うたのかみ）の四老中連名で出された法令は三か条からなる簡明なものだった。

一、近年は草木の根まで掘り取り候ゆえ、風雨の時分、川筋へ土砂が流出し、水行き留まり候ゆえ、今後は草木の根を掘り取ることを禁止する。

二、川上左右の山に木立がなくなりたる所々は、当春より木苗を植付け、土砂が流れ落ちざる様にする。

三、川筋河原等に開発された田畑は、新田畑はもとより古田畑であれども、川に土砂が流出する場合は耕作をやめ、竹、木、葭（あし）、萱（かや）を植え、新規の開発を禁止する。

「掟」は、新田開発が急展開され始めた当時、行き過ぎた開発による土砂流出やそれに伴う洪水の頻発を背景に定められた。山（森林）と川は一体のものとして人々の暮らしの中に存在し山の問題はすなわち川の問題であった。山と川の間にどれだけの田畑が作れるか、どれだけの人々が生きられるかは、山と川の地形や気候に規定されていた。弥惣兵衛は、半世紀も前の幕府法令を読むように勧めた俊才の誉れ高い老中の意図に思いを馳せた。

彼が吉宗に拝謁した前月の享保八年六月に、吉宗は足高（たしだか）の制という人材登用の制度を考案した。

各職種に基準の高（俸給）を定めて、この高に達しない場合には、不足分を在職中に限り支給する「職能給」制度である。勘定方弥惣兵衛もこの斬新な制度の恩恵を受けた。

吉宗は元紀州藩士で側近を固めた。〝紀州派〟の形成であった。吉宗の将軍就任に伴い、享保一〇年までに二〇五人の紀州藩士が幕臣となっており弥惣兵衛もその一人だが、彼等の多くは、御用取次、御側衆、小姓衆、小納戸衆、小納戸頭取といった将軍側近に就任している。享保一一年には御庭番を新設した。御庭番は、江戸城の奥庭の警備が表向きの任務であったが、実質は内密の任務として、将軍や御用取次の直々の指令を受け、全国諸藩の動向や幕府役人の行状さらには世間の風聞などさまざまな情報を探知した。御庭番の定員は一七人で、代々世襲制であったが、これも全員が紀州藩出身者で固められた。

吉宗の財政改革で特筆すべきことの一つは、改革を管掌する財政担当部局の機構改革である。そこではまず財政専管の老中（勝手掛老中）の制度を設けたことが挙げられる。前期には水野忠之、後期には松平乗邑をそれぞれ勝手掛老中に任命して総括責任者とした。将軍―御側御用取次（紀州藩出身、加納久通、有馬氏倫）―勝手掛老中―勝手方勘定奉行―同吟味役（実務官僚、弥惣兵衛が抜擢される）の上意下達体制となった。吟味役の下に平勘定がおり、その下に現場作業を監督する普請方（下役）がいた。

勝手方勘定所の下位分課としては、御取箇方（年貢収納担当）、新田方（新田開発担当）、知行割方（幕臣への知行・俸禄支給担当）、道中方（五街道担当）などが設けられた。弥惣兵衛は御取箇方と新田方を主に所管する。勘定所は享保六年閏七月の制度改革で、行財政を担当する勝手方と裁判問題を所管する公事方の二系統に分かれ政務処理能力を高めた。

＊

さて飯沼新田開発である。時計の針を一年ほど前に戻す。飯沼開発をめぐる周辺村々は賛成派ばかりではなかった。左平太が奉行所に提出した「願書」に記された沼廻り二三か村を列挙する。北から東回り（地図でいえば右回り）に、平塚、芦ヶ屋、崎房、尾崎、栗山、馬場、鴻野山、古間木（ふるまぎ）、大生郷（おおのごう）、横曽根、横曽根新田、大口、猫実（ねこざね）、神田山（かどやま）、幸田、馬立、弓田、沓掛（くつかけ）、山、逆井、東山田、仁連（にれ）。（このうち、尾崎村左平太（秋葉家）、馬場村源次郎（同前）、崎房村孫兵衛（同前）、大生郷村伊左衛門（坂野家）が推進派の中心人物となる）。

一方、横曽根、横曽根新田、大口の三村は飯沼開発の手段として、新堀を掘削するのではなく、現在鬼怒川に水を落としている「古堀」を浚渫（しゅんせつ）することによって目的を達しようとする意見であった。この三村とは反対に、沼の西にある生子（おいご）村は、沼廻り村とは言えないが、同村の枝郷が沼廻りにあることから、二〇か村と同一歩調をとった。

坂野伊佐衛門宅（現 常総市大生郷）

その結果、二一か村で新堀開削運動を進めることになった。

享保七年（一七二二）九月一日、左平太ら名主代表は江戸町奉行所を訪れ、先の「願書」の件について取り扱い状況を尋ねた。「追って代官を通じて返事をする」との素っ気ない回答であった。村々代表はその後も再三にわたって江戸に出向き「願書」の件を訴えたが、確たる返事のないままであった。江戸への往復の路銀は名主たちの資産を圧迫した。年が明けて八年になっても、佐平太ら村々の代表は交代で江戸に出て奉行所を訪ね、新田願いを熱っぽく陳情した。同年二月三日、江戸町奉行中山出雲守番所より伝達があり、「飯沼新田開発願については、代官松平九郎左衛門、勘定方岡田新蔵の両名に飯沼の調査見分を仰せつけたので、この両名へうかがい万端指図を受け、見分の案内などもするように」との指示であった。朗報を聞いた江戸詰の村役人たちは、さっそく翌四日、代官松平を訪れ新田願の取り扱いを質した。代官は答えた。

「この案件は重大であり、勘定方岡田新蔵が御朱印（幕府判断）にて飯沼の調査見分を行うことになった。諸用に間違いのないようにせよ。また調査見分のためには飯沼廻りのどこに着任したらよいか」

村役人たちは、着任地として神田山村を指定し代官所を引き下がった。神田山村を指定したのは新堀開削予定地に最寄りの場所であるためだった。幕府の調査見分となれば、代官、勘定方はもとより相当数の幕府役人が来郷することになる。その対応を協議した結果、宿泊所については、代官松平の一行は神田山村の延命院（平将門遺跡で知られる）、勘定方岡田の一行は同村の妙音寺と決めた。（両寺院とも格式ある古刹で現存する）。見分の一行は二月二二日に江戸を発って翌二三日に神田山村に着任するとの飛脚便も入った。

享保八年（一七二三）二月二三日は、天候に恵まれず、大雨となった。見分の一行は予定どおり来郷したので、村々役人たちは、大勢が利根川左岸の長谷村船着場（坂東市長谷）まで出迎えた。大雨の中、舟から降りた松平や岡田ら一行四一人は村々用意の駕籠に分乗して神田山村に到着した。一行を迎えた沼廻り二〇か村は、名主・組頭など村役員全員が神田山村の二つの寺院に詰め切りで御用を待ち受けた。翌二四日には新堀筋の調査見分が、また二五日には水量調査が、それぞれ始まった。

飯沼が干拓され新堀が利根川本流に通じるようになれば、利根川の増水（逆流）によっては浸水や冠水の被害が心配される村もあった。法師戸、出島、大谷口、大崎、中里、辺田、藤田、岩井の八か村（いずれも坂東市）で、幕府の見分役人に新堀反対を訴え出た。この訴えは、公儀として一応預かるとのことで結論は先送りされた。

新堀筋に当たる、猫実、大口、坂手、大塚戸、菅生の五か村のうち猫実村を除く四か村は、新堀のために潰れる田畑が多く、この潰れ地の地代金や代替地などをめぐって、沼廻り二一か村との間に再三の交渉があった。だが、結論は出なかった。飯沼見分役人一行は、四〇日間の長期にわたる滞在の中で、実地に新堀筋の予定地、飯沼とその周辺の土地を見分した。同時に利害にかかわる村々の動向も把握して江戸に帰って行った。

同年八月一日、沼廻り村々代表は松平九郎左衛門の代官所へ呼び出された。重要事項である、と

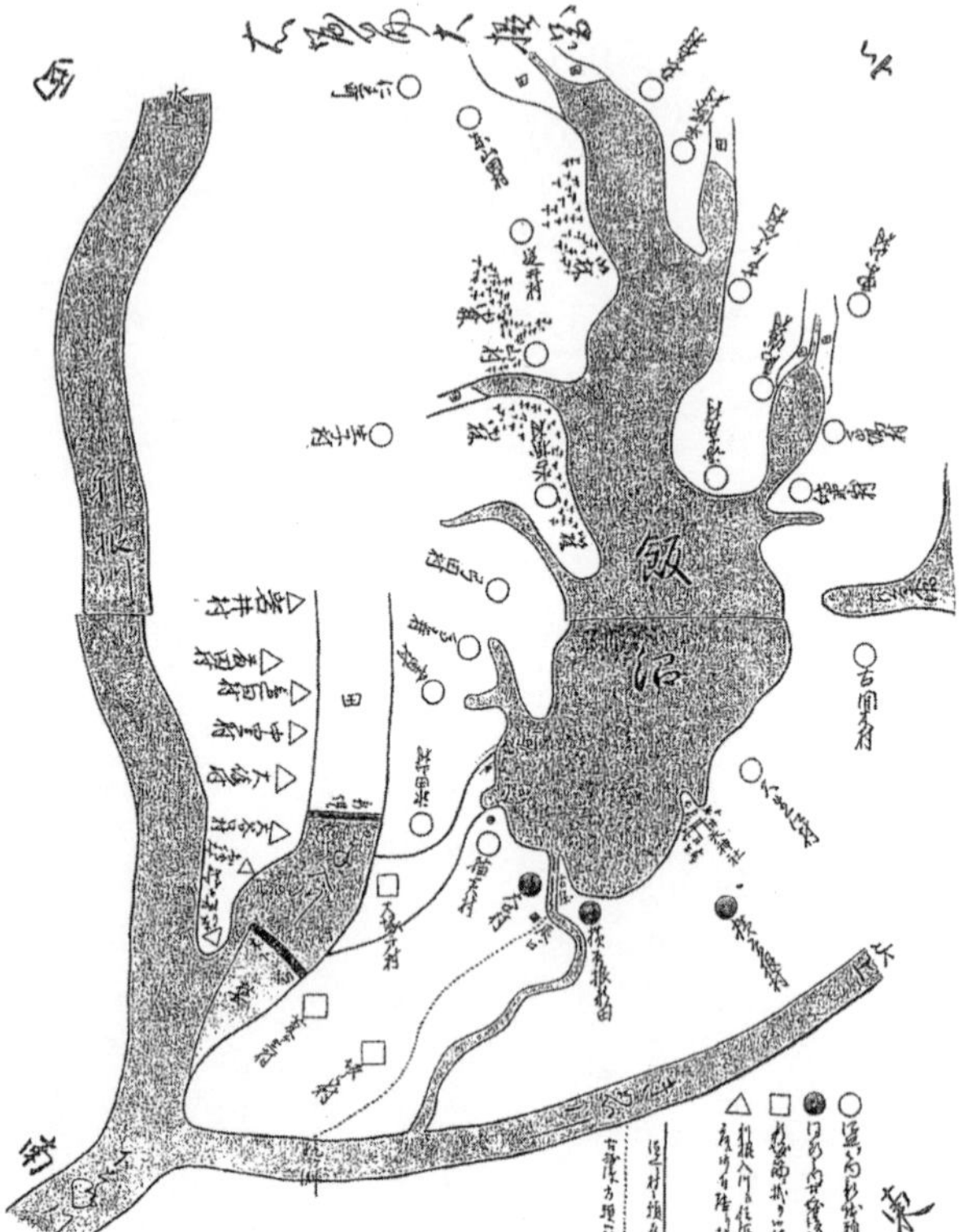

亨保8年飯沼堀筋大概図(『近代史料Ⅲ、飯沼新発記』茨城県史編さん委員会より)

前置があって「飯沼新田開発について、新任の勘定方井澤弥惣兵衛為永が再見分することになり、近日中に江戸を出立して飯沼に向かうことになった」との達(たっし)であった。幕府新田開発担当の最高責任者の現地視察が実現した。江戸詰代表たちは翌二日下谷長者町の私邸に弥惣兵衛を訪ねた。面会拒否は覚悟の上だったが、気さくに応じてくれた。「飯沼新田願」の件を遠慮がちに尋ねたところ、八月一〇日朝江戸を発って現地に入るとの明快な返事であった。左平太ら村々代表は「見分に都合のいい猫実村に着かれることを希望したい」と伝えた。開発は実現に向けて動き出した。

八月七日から九日までは二百十日の台風が荒れ狂い、飯沼は大洪水となった。弥惣兵衛一行総勢一〇人は台風の去った一一日に猫実村に着いた。同日、代官松平九郎左衛門の手代峯岸権右衛門も同村に到着した。これは先の調査見分の件もあって、松平の命を受けて来郷したものであった。

*

ここで弥惣兵衛は、先の台風により鬼怒川流域が、最上流の五十里湖（現在五十里ダムがある）の決壊による激流で大水害に見舞われたことを知った。五十里湖の誕生は四〇年前の天和三〇年（一六八三）にさかのぼる。下野国（今の栃木県）北部山岳地方から会津方面は同年五月から九月にかけてたびたび地震に襲われた。相次ぐ地震のため、葛老山の側面が東側直下の渓谷をつくる五十里川（男鹿川下流）とその沿岸を走る会津西海道に向かって崩れ落ちた。その山のような土砂の量は一〇〇万立方メートルを下らない。葛老山の大崩壊が五十里川と会津西街道を遮断した地点は、日光神領・宇都宮藩領・会津藩領の山岳領地が背中合わせとなって境界線をつくっている個所であった。

年貢輸送用の街道として会津西街道を重視してきた会津藩にとって、江戸表につながる街道の途絶は大きな痛手であった。しかも崩れ落ちた岩石土砂の山が渓谷の流れをせき止めてダム状態となり、五十里川・男鹿川・湯西川に出現した湖水は天然の一大五十里湖となった。五十里村、川西村はやがて水没することになった。この湖が出来上がるまでに五か月もかかったが、村人だけでは村を失う運命に抗する術がなかった。

ここに悲劇が追い打ちをかけた。先の暴風雨は男鹿川や湯西川にも大洪水をもたらし、五十里湖の水位が急上昇した。この水圧により、五十里湖をせき止めていた岩石や土砂が一気に押し流された。四〇年間、五十里湖として湛えられてきた湖水が土砂を伴った激流となって流れ下り無防備の流域を襲っていった。大洪水は黒雲のように空から覆いかぶさるように襲ってきた。鬼怒川の中下流部は大被害を受け、流域の農民はこの未曾有の大洪水を「五十里水（いかりみず）」と呼んだ。「怒り水」の恐怖だった。被害は鬼怒川下流から利根川べりにまで及んだ。山津波のような激流は、一万二〇〇〇人もの人命や多数の牛馬を呑み込んだとされる。

弥惣兵衛が見分を予定していた宗道（そうどう）河岸でも湾曲部が決壊して濁流は荒れ狂うように流域を襲った。

＊

弥惣兵衛は御朱印による見分であるとして「新堀筋願」、「古堀浚（さら）い願」ともに調査することになり、大水害後の八月一五日から勾配などの地形や水量さらには地質などの調査を行った。九月一日には舟に乗って飯沼をくまなく視察した。調査は増水した沼の水深を中心に精密に行われた。この日、弥惣兵衛は尾崎村左平太宅に寄宿した。この夜、彼は集まった名主たちに新田開発のあり方を説いた。新田開発には排水による干拓だけでは十分ではなく、水田に必要な用水（代用水）路をも考慮しなければならないと力説した。

「私は全財産をなげうつ覚悟です」。左平太は弥惣兵衛に決意を伝えた。弥惣兵衛は深くうなずいた。近くに鬼怒川があるので用水源として考えるべきであるとして、翌日以降鬼怒川を舟で巡視することになった。

第六章

弥惣兵衛、農民の悲願に応える

――大開発の規範（モデル）・飯沼新田 ③

治乱の二つといえども、智有れば乱は治め安きなり。
智無き時は乱を治する事成らずなり。

「紀州政事草」（伝徳川吉宗筆）より

〈もののふの時――名主・秋葉左平太の独白(モノローグ)〉

「井澤弥惣兵衛様は幕府役人として、物心両面にわたり我々を献身的に御指導くださいました。それは井澤様の我々農民を思ってくださる御慈悲の心からに他なりません。井澤様の飯沼新田開発に関する御指導は次の三点に特筆されましょう」

「第一に、飯沼排水のための『新堀筋』を指示したことでございます。幕府は『新堀筋願』に開発許可を出したのですが、井澤様は飯沼再見分の結果、予定の堀筋とは異なる『新堀筋』を指示されました。馬立入沼口より利根川への落水とする『新堀筋』を決定され、これを飯沼排水路としました。これ以降、飯沼新田開発は井澤様の技術指導によって進行したのです」

「第二に、天領替えがあります。飯沼廻り二四か村の支配者は、開発願の出された享保七年(一七二二)でみますと、天領、関宿(せきやど)領、壬生(みぶ)領、旗本知行など一四もあり、飯沼廻り全体として誠に複雑な支配構造でした。こうした複雑な支配の中では、新田開発という大事業を行うことは、村人の意思疎通や共通理解を欠きますので大きな障害でした。井澤様は支配の統一が急務と考え、私領や藩領の天領替えを我々にも指導して、幕府勘定奉行にその意を伝えました。その結果、天領替えが実現し、飯沼廻りはすべて天領となって開発普請が円滑に進められたのでした」

「第三に、開発資金一万両調達のことです。飯沼新田開発に必要な資金は、我々飯沼廻り村々が負担する自普請願いで許可になりました。ですが、村々には一万両もの巨額な開発資金を捻出する手立てがありませんでした。井澤様は我々に対して、開発普請開始の質資金として二〇〇両を工面するよう指示しましたが、我々ではとても調達が出来ませんでした。資金が工面できなければ、開発の鍬入れは出来ません。この時井澤様は、我々が金策に難渋していることを知って、井澤様自身が二〇〇両を借受け、村々の質資金に当ててくださいました。井澤様は飯沼新田開発を成功させるとの念が確固として強く、開発資金調達は幕府からの拝借金以外にないことを村々に助言し、また幕府にも働きかけてくださいました。その結果、幕府より新堀普請入用金として一万両が拝借許可として提供されました。井澤様の多大な功労であり、どんなに感謝しても感謝しきれないのです。あの方は朝日にすっくと映える郷土の山筑波山のような方です」。

（『飯沼新発記』、長命豊『飯沼新田開発』、『八千代町史』などを参考とする）。

＊

飯沼は下総（しもうさ）国（現茨城県）岡田郡、猿島（さしま）郡、結城（ゆうき）郡にまたがり、利根川と鬼怒川の合流地点の北西部に南北に広がっていた。鬼怒川の自然堤防によって仁連（にれ）川の落し口が狭められて出現した沼地であった。長さは南北に約七里（約二八キロ）、東西に約一里の細長い沼で、周辺には大小の沼が点在した。沼廻りには二三の村落があって、村々は互いに入会って飯沼から肥料用の藻草や魚介類を採っていた。だが降雨期に鬼怒川が増水すると、逆流が襲って沼内は満水となって周辺の田畑は水没し農作物に大被害を与えた。度重なる洪水に、沼廻りの村々では早くから悪水路を開き、沼水を落として干拓をしようとする動きがあった。寛文一〇年（一六七〇）と宝永三年（一七〇六）に新田干拓の

飯沼新田と飯沼川（現在、水田が広がる）

願書が幕府に出された。だが沼廻りの村々の利害が対立したこともあって着工には至らなかった。飯沼新田開発は村民の悲願となっていたのである。

享保九年（一七二四）一月末から、沼廻り代表名主として、尾崎村左平太、馬場村源治郎、大生郷村伊佐衛門、崎房村三太夫の四人は、繰り返し江戸詰して代官所（代官松平九郎左衛門）や勘定方井澤弥惣兵衛私邸を訪ねて「新田願」の取り扱いを尋ねて回った。井澤宅には紀州商人の鈴木文平と兄高田茂右衛門が時折訪ねてきていて、名主たちは彼ら兄弟と親しくなった。五月六日、代官所から呼び出しがあった。代官松平は開口一番「飯沼新田開発の件は『新堀筋願』に許可が下りた。井澤様の尽力によると聞いている」と声を張り上げた。代表たちは待ちに待った許可願いだっただけに喜びもひとしおであった。さっそく飯沼の沼廻り村々に朗報を伝えるため早飛脚を走らせた。飯沼新田開発は、二三か村（生子村は入っていない）に高久村、宮前村を加えて、自普請（町人請負新田）によって実施されることになった。（新田開発には、二つの仕組みがあった。代官見立新田「代官に開拓を行わせ、一生の間収穫の一〇分の一を与える」と町人請負新田「町人が出仕、一五％の小作料収入が入る」である。この時期に、後者で成功したものには飯沼新田（茨城県）をはじめ、見沼新田（埼玉県）、紫雲寺潟新田（新潟県）などがあるが、これらはすべて町人請負新田であり、井澤弥惣兵衛が直接手がけたものである。見沼新田、紫雲寺潟新田については後章で論じる）。

将軍吉宗体制下の関東の代官たちは、江戸時代初期以来関東において独自の支配を確立して来た伊奈氏の農法を「古法」「古来の法」「ぬるく候」と否定し、新たな技法へと転換した。

また享保年間には河川水理関連図書が多数刊行された。『諸国堤川除樋橋定法』、『治水図彙』、『堤堰秘書』、『水利路程修造要記』、『川除御普請定法』などである。大半が著者不明である。次いで多い時期は天保時代である。一大改革時と符合する。

*

沼廻りの支配体制を、新田開発願が出された享保七年（一七二二）の時点で見てみる。

一、天領の村

松平九郎左衛門代官所

弓田村、馬立村、幸田村、神田山村、猫実村、大口村、横曽根村、尾崎村、芦ヶ谷村、崎房村、古間木村、横曽根新田

一、私領の村

久世隠岐守領分（関宿藩）

沓掛村、山村、逆井村、東山田村、生子村

鳥居丹波守領分（壬生藩）

仁連村、恩名村、平塚村
一、知行所の村
倉橋内匠知行所　芦ヶ谷村
竹本甚八郎知行所　芦ヶ谷村、大生郷村
井上吉之丞知行所　同前
窪田勘右衛門知行所　崎房村
松平彦太夫知行所　同前
山田太郎右衛門知行所　同前
奥津能登守知行所　大生郷村
石谷十蔵知行所　栗山村、馬場村
小長谷三左衛門知行所　鴻野山村
榊原権右衛門知行所　同前
森川下総守知行所　古間木村

一四もの支配者がモザイクのように入り組んで治めている。享保九年(一七二四)八月、飯沼廻り村々のうち、尾崎村をはじめ天領の村々は、私領と知行所をすべて天領替えするよう幕府(公儀)に願書を出した。飯沼新田開発を統一して進めるためだった。翌一〇年一月、天領替えが決定し、代官池田喜八郎支配所への引き渡しが済んだ。弥惣兵衛の助言が功を奏した。一般的に、天領(天領の

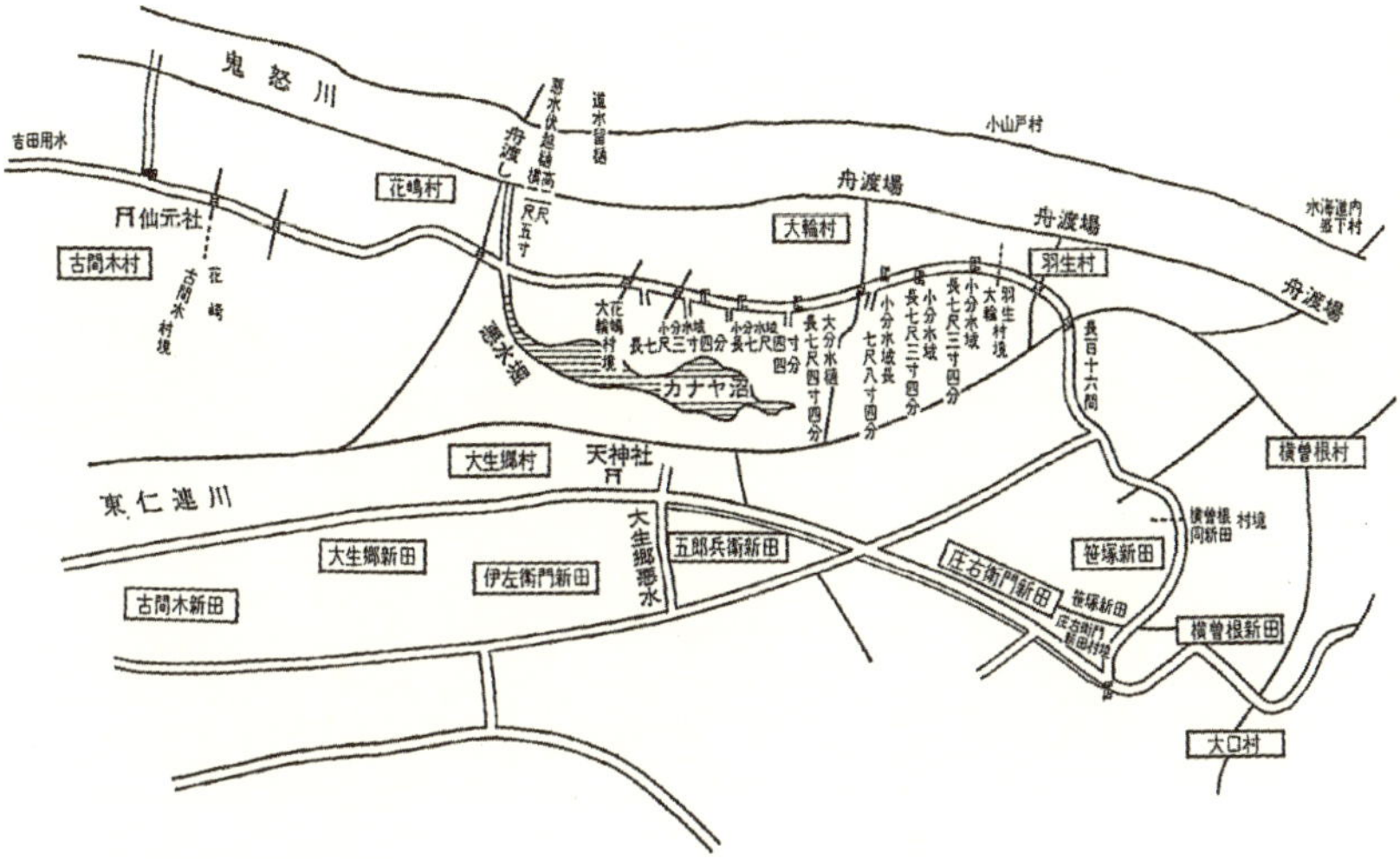

吉田用水（水海道付近）

村）の公租率は低く、藩領（私領の村）は高かった。

村々は以前にも増して新田開発への意欲に燃えた。幕府の許可状をもとに、二四か村はさっそく相談に入った。問題は新たに生まれる新田地の配分割についてであった。公儀（幕府）では新田地の配分は各村高に応じて配分割するよう指示しているからである。しかし、これでは各村高に大きな差があるため開発村にとって不公平な割合になる。深夜に及ぶ協議の結果、新田出来高の半分を村高割にし、残り半分は村々平均割にする修正案が成立した。

五月一八日、沼廻り二〇か村は、尾崎村左平太、馬場村源治郎、大生郷村伊佐衛門、崎房村三太夫が再三にわたって江戸詰を行い大きな成果を上げた功労に対し、新田地のうちから村々配分割のほかに高一〇〇石宛（反別一〇町歩、一人につき二町五反歩、のちに公儀より一町歩）を差し上げたいと申し出た。名主たちは身銭を切って活動して来たのである。同時に新田開発に当たり、最も困難な資金調達については、沼廻り村々の自普請による実施であるから、村割をもって普請代に充てることを決めた。普請代金は一万両の巨費が必要とされた。

幕府は、「飯沼新田開発の御用一件」を井澤弥惣兵衛の責任のもとに遂行することを決めた。彼はすでに飯沼の見分を済ませており、村々の代表も彼の地位や人格を承知していた。やがて、弥惣兵衛より代表地主たちに呼び出しがあり、「近く江戸を出立する。ついては、飯沼新田開発に取り掛かるため、前もって申しつけてある金二〇〇両を差し出されたい」と指示された。この二〇〇両は、村々が新田開発を行うための質地金三〇〇両の内金である。さっそく江戸の金元保証人に連絡したが、二〇〇両はとても調達できないと伝えてきた。村々の代表は周章狼狽（しゅうしょうろうばい）し金策に走ったが、弥惣兵衛が来郷するまでに調達する見通しは立たなかった。

一方、弥惣兵衛としても、先金二〇〇両が確保できない限り江戸を発つことができず、予定日を延長せざるを得なくなった。弥惣兵衛は村々の苦しい内情を知り、彼自身が金二〇〇両を調達して、享保九年八月一日江戸を出立した。村々の代表は、六〇歳を過ぎた幕府役人弥惣兵衛の心のこもった配慮と新田開発にかける情熱に感激せずにはおられなかった。飯沼に着いた弥惣兵衛は再度厳格に調査見分を行い、新堀については、馬立入沼口より幸田村・神田山村地内を経て神田山新堤下の利根川に落水するとの結論を出した。これを受けて、幕府普請方（工事担当）米倉武助と斎藤万右衛門の指示のもとで、水深の測量や普請調査の見積もりが始まった。

沼廻りの代表（名主たち）は、今後の資金調達について内密に弥惣兵衛に相談した。弥惣兵衛の助言では、資金は莫大な額にのぼるため、幕府からの拝借金によることが得策であるとのことで、幕府勘定奉行に対して飯沼新田開発普請の拝借金願を提出した。弥惣兵衛は幕府責任者として普請開始の見通しを立てたかったのである。沼廻りの代表は新田開発の工事に取りかかるため、すべての名主を招集して二項目を申し渡した。

沓掛香取神社本殿（飯沼干拓完成を祝って建立、茨城県指定文化財）

＊

一、引き続き、尾崎村左平太、馬場村源治郎、大生郷村伊佐衛門、崎房村三太夫の名主四人に御用筋頭取を申付けるので開発の御用については四人に各村に連絡すること。

一、井澤弥惣兵衛様ら幕府普請役人は新田開発の完了するまで飯沼に常駐する予定であり、寄宿舎、水人夫、人足、その他御用筋のことを村々にて相談しておくこと。

同月中に、弥惣兵衛の判断によって、幕府に嘆願していた資金の拝借に関して拝借金一万両の許可が下りた。返済については、新田開発後の鍬下後二か年の

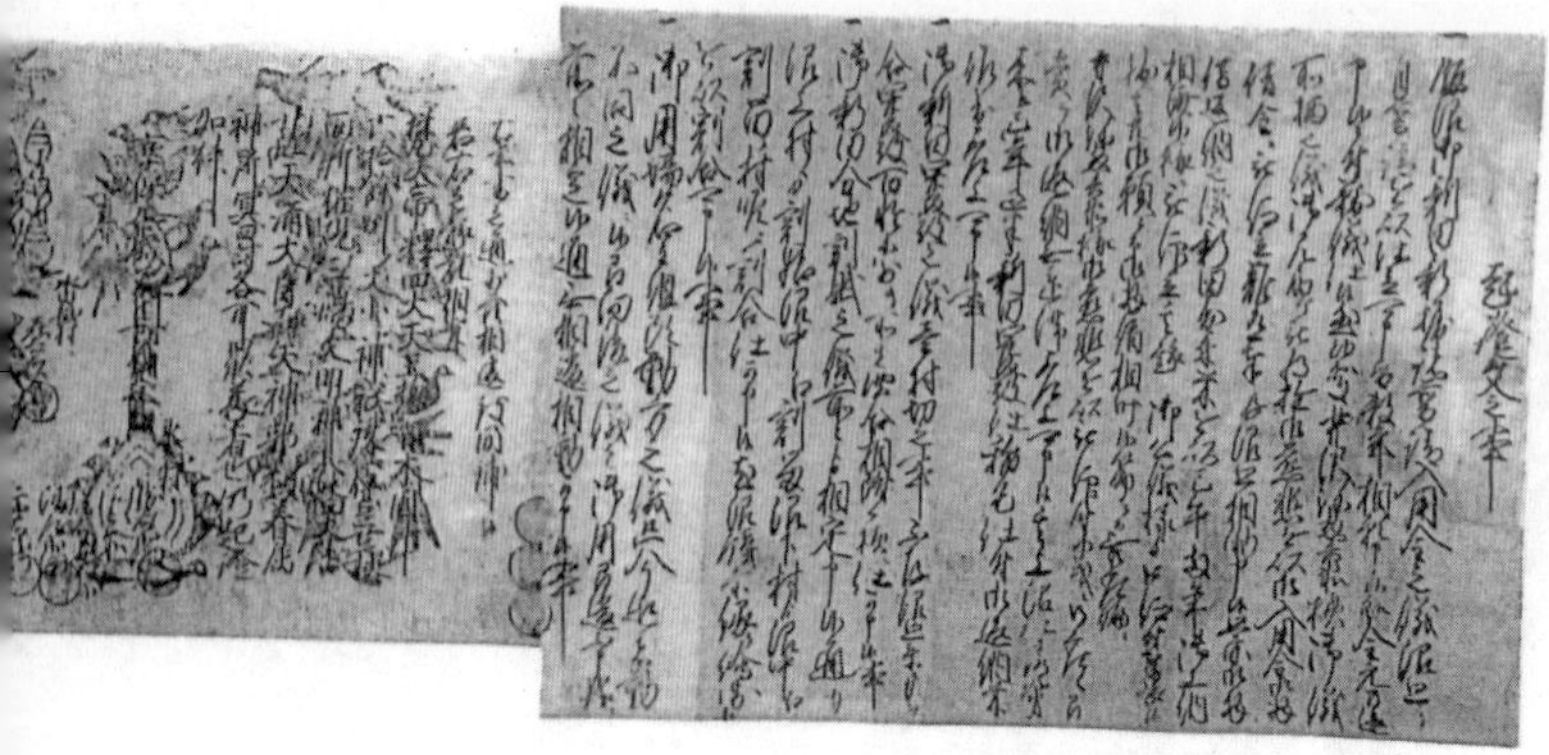

作米をもって充てることとなった。いよいよ関東初の大規模な水抜新堀普請（干拓事業）が始まることになった。まず新田に農業用水を導く吉田用水の開削工事が行われることになった。同用水は、下野国河内郡本吉田村（現栃木県下野市本吉田）で鬼怒川より取水し、二九か村（結城市、旧岩井市、八千代町、旧千代川村、旧石下町）の水田を潤し、菅生沼に注ぐ。全長は三万一二八三間（五六・三キロ）である。この水路を通船堀（運河）にする案もその後浮上する。

享保九年（一七二四）一二月二一日、結城町（当時）に詰所（工事役所）が設置され、初鍬入れ（起工式）が行われた。弥惣兵衛は挨拶に立ち「冬場の突貫工事となるが手抜きはあってはならない」と訓示した。

同月二五日、飯沼廻り二四か村の名主や組頭らが沓掛村の香取神社に集合した。神前で飯沼新田開発の無事成就を、神文をもって祈願した。祈願文には全員の血判が捺（お）されている。決意のみなぎる「起証文血判状」である。（現代語表記とする）。

飯沼廻り名主組頭ほか連署血判起請文（秋葉剛士氏所蔵、縦25.5cm・横126.0cm）

「

起請文之事

一、飯沼御新田新堀普請諸入用金の儀は、沼廻り自普請をもって仕立て申すべき旨、数年相願い申し候ところ、金元のこと間違い申し候に付、難儀仕り候、しかるところ、井澤弥惣兵衛御儀、これらのことをお見届けあそばされ、御慈悲をもって御入用金を（幕府からの）御拝借金に仰せ立てられ、ありがたく存じ奉り、沼廻り（村々）相助り申し候、且また御拝借金返納の儀は、新田地の出来米をもって、巳午両年（享保一〇年、一一年）に御上納相済み候ように仰立られ、その趣を御公儀より仰付られ畏れ奉り候、拙者共、御願にて、御拝借相かない候筋にては御座無く、偏えに井澤弥惣兵衛様御慈悲をもって、仰付けられ候儀に御座候あいだ、せめて御返納は遅滞なく差上げ申すべく候、其上沼水落ち次第、来る巳年過半新田開発仕り、稲を作付し御返納米作り出し、差上げ申すべく候事。

一、御新田開発の儀は、一村切りの事に存ぜす、沼廻り互いに力を合せ開発し、百姓など少なき所は聞合わせ、相付け候ように仕り申すべく候事。

一、御新田分地割賦の儀は、前々より申定申し候通り、沼上村より割始め、沼中へ割留め、沼下村より沼中、割留め、村順に割合い仕り申すべく候、もっとも沼傍示縁り絵図表をもって割合い申すべく候事。

一、御用場へ名主・組頭勤め方の儀、只今までは勤め方、不同の儀に候あいだ、向後の儀は、御用間違い申さず候ように、前々相定め候通り、相違なく相勤め申すべく候事。

右前書の通り、少しも相違致しまじく候、もし、右の趣に相背においては、梵天帝釈四大天王、惣日本国中六拾余州の神祇、殊に伊豆箱根両所権現、三嶋大明神、八幡大菩薩、天満大自在天神部類眷族冥罰、各罷り蒙るべく者也、仍起証如件

享保九歳辰十二月二十五日

（名主・組頭の血判は略す――作者）」

享保一〇年（一七二五）一月一〇日、井澤弥惣兵衛や普請方役人それに沼廻り名主・組頭などの立ち合いのもと初鍬入れが行われた。同年一〇月勘定奉行筧播磨守一行が新田開発状況視察のため来郷した。案内役は井澤弥惣兵衛であった。一行は一一三人に及ぶ一大視察団であり、村は一行のために新たな道を普請した。「播磨道」と呼ばれた。

同年一一月、弥惣兵衛は飯沼新田開発の功績をもって勘定吟味役格に昇任した。勘定吟味役は会計検査官であるが、財政問題の全般について老中にも意見を具申できる枢要の役職である。この役職は、身分格式の点からは布衣の職と称して、賀式の折に狩衣（無紋の狩衣）を着することができる上級旗本、高級官僚である。享保改革期において勘定吟味役が最も多かった時期は、享保一〇年

一一月から一六年一〇月までの六人であり、その役割を見てみると、細田家弥三郎時以と神谷武右衛門久敬は「納税」担当、杉岡弥太郎能連と辻六郎左衛門守参が「訴訟」担当、萩原源左衛門美雅が「国用（国の経費）」担当、弥惣兵衛が「新墾、荒蕪開耕」担当である。

飯沼の干拓工事は順調に進み、享保一二年中に飯沼の排水堀の開削がすべて完了し完成が見えてきた。飯沼新田では「稲作ばかりにて麦は仕付ず」と命じられて、耕作は稲作に限られた。面積で一五二五町歩余（一町歩は約一〇〇アール）、石高で一万四三八〇石余となった。（のちに飯沼新田「三〇〇〇町歩」と呼ばれる）。この新田開発は鬼怒川中流域総合開発計画とでも言うべき事業で、規模の面ではのちに彼が手掛ける見沼新田開発や紫雲寺潟新田開発の比ではない。弥惣兵衛は、このほかにも、享保一〇年から同一二年にかけて常陸国牛久沼の干拓、同一一年、一二年の下総国手賀沼の干拓、同常陸国江村沼、砂沼、大宝沼の干拓と江連用水の疎通などを手掛ける。同時に、武蔵野新田の開発も指導した。同新田は、江戸西郊に広がる武蔵野平野を開いてつくったもので、多摩郡四〇か村、新座郡四か村、入間郡一九か村、高麗郡一九か村、合計四郡八二か村にわたる約一万二六〇〇石の新田である。（今日のJR中央線荻窪駅から立川駅までの主として北側に広がる町並みや集落はこの武蔵野新田の場所に当たる）。

紀州流という新しい土木技術、河川改修技術によって、他方では勃興する商人たちの資本力を活用した町人請負制型の新田開発の方式を導入することにより、幕領の石高はこの時期に約六〇〇万石の増大をみて四六〇万石ほどとなった。この増加は、幕府の年貢増徴策と新田開発政策の成果

岸本武太夫の墓（東京・杉並区の華徳院）

によるものである。

享保一三年には四代将軍家綱が寛文三年（一六六三）に行って以来絶えていた将軍の日光東照宮参詣が、六五年ぶりに復活した。享保一五年ごろには江戸城の奥金蔵に新たに一〇〇万両の金が蓄えられた。この年は、上米令が廃止された。江戸期三大改革は享保、寛政、天保の改革だが、改革の成果を上げたのは享保改革だけである。

＊

広大な飯沼が干拓されて、飯沼新田が成立したのは享保一三年（一七二八）のことである。その後の飯沼新田は度重なる飢饉や洪水のため、村々は年ごとに疲弊し、農民は田畑を捨てて村を離れた。口減らしのために堕胎や間引きが横行して人口は減少し、折角開発された新田も荒廃の一途をたどった。

天明の飢饉（一七八三～一七八七）ののち、飯沼の再開発、復興に乗り出したのが、寛政五年（一七九三）一一月、下野・下総六万八〇〇〇石の天領支配、代官となった岸本武太夫就美であった。寛政六年、新たな支配所となった飯沼新田の復興の任に当たった武太夫は、着任すると朝早くから夜遅くまで農民の窮状をつぶさに見て回った。度重なる天災と重い年貢に、すっかり労働意欲を失った農民を立ち直らせるため、彼は次々と復興の手立てを打った。人口の減少を防ぎ、暮らしを安定させるため、生まれた子供には五歳まで養育料を、母を失った子供には乳母の手当てをそれぞれ与えた。新たに越後地方や越中地方（現新潟県）から入植者を募り、移転料や旅費と一人当たり五反歩の荒地を配当して開発に従事させた。自ら節約に努め貯えた資金で農民に家屋、農具、農耕馬を給与し、貧窮者、病人、疾病者、水害被害者を救済し勧農金を与えている。

岸本君二世功徳碑（沓掛・諏訪山稲荷神社）

飯沼の水利のため、落堀を広げ、川底を浚い、堤や堰を築き、松・杉・樅・柏・漆の植林を進めている。

文化七年（一八一〇）、武太夫一七年の経営のあとを継いだ息子武八荘美が文化一三年までさらに六年、父子二三年にわたる善政によって飯沼新田は復興し、人心もまた一新された。父子を〝救世主〟とあがめる飯沼廻り新田村六三か村の人々によって、文政四年（一八二一）飯沼を望む沓掛諏訪山、藤岡稲荷神社（武太夫が下野・藤岡［現栃木県藤岡町］より分祀）の境内に「岸本君二世功徳碑」が建立され、さらに文政六年、根古内・向原の人たちによって「唱光明真言三千十七遍祈岸本君武運長久所也」の石碑が沓掛香取神社境内に建てられ、今に父子の徳を讃えている（沓掛香取神社資料参考）。

第七章

関八州での新田開発と治水策の光と影①

家柄の者計(ばかり)に限らず、器量之有る者を申付け候事肝要なり。

音物(いんもつ)(贈物)之有る時は役人たる者気を付け候事第一なり。

(「紀州政事草」(伝徳川吉宗筆)より

〈もののふの時——大岡忠相と弥惣兵衛〉

「貴殿には関東各地に検見（出張点検）をお願いし、ご苦労なことである。飯沼新田干拓も完成が見えて来たと聞いている。喜ばしいことだ。本日は関八州の新田開発の進捗状況をお教え願いたいと思い御足労を願った次第である。関八州は開発がし尽くされ、残るは貴殿のような勝れものの技術者でしか開発できない荒地や沼沢地ばかりだ。印旛沼、手賀沼、江連用水、酒匂川などの干拓や水路掘削さらには河川改修についてお伝え願いたい」

南町奉行・越前守大岡忠相は、あごの張った顔に笑みをつくって勘定吟味役格井澤弥惣兵衛為永に語りかけた。（関八州は、相模、武蔵、安房、上総、下総、常陸、上野、下野の八か国を指す）。

「貴殿は武蔵国川崎宿の名主田中休愚（丘隅とも記す）がつづった『民間省要』という書をお読みになられたか。名主の立場から民政の歪みや不正を指摘し、あるべき姿を提言した意見書である。自らの体験に基づいた論点の鋭さには驚きました」

「地方御用掛」を兼務する南町奉行大岡忠相は、笑みを消して言葉を継いだ。享保一一年（一七二六）秋、江戸町奉行所役宅である。弥惣兵衛は勘定吟味役格に指名され、新たに三〇〇俵が加増された。大岡は「地方御用掛」を兼務している立場から関東地方の新田開発や河川改修の進み具合を知るために弥惣兵衛を呼んだのである。役宅の草むらから虫たちのすだく音色が響く。満月が大江戸の天空にかかっている。

関東平野の新田開発を、大岡が行政面から、また弥惣兵衛が農業土木技術の面から推進する責務を負わされていた。大岡が四八歳、弥惣兵衛が六二歳だった。二人とも将軍徳川吉宗に才幹を認められて抜擢（ばってき）された幕臣であった。話題の主・田中休愚も名主からの抜擢組である。休愚は弥惣兵衛より一歳年上の六三歳だった。大岡の側近である代官岩手藤左衛門、同荻原源八郎も同席した。

「地方御用掛」は関東地方の幕府領統治を一手に担当する重責で、将軍の最重要視する新田開発や災害復興などを所管した。所管分野で弥惣兵衛と重なるのである。それまでは伊奈家が歴代その任に当たってきた。

「もちろん読みました。この意見書が将軍様に献じられて、将軍様がその才能を認めて幕吏に取り立てたことも知っております。田中殿には一度お会いしました。田中殿は拙者と同年輩でありますが、見識ある地方巧者（じかたこうしゃ）です。富士山の大爆発以後氾濫を繰り返す酒匂川の改修工事を命じておりますが、難工事のようであります」

「それは拙者も知っておる。とにかく難工事を乗り切らなければ治山治水はもとより、幕府財政改革は進まないだろう」

大岡がわずかながら語気を荒げた。

「関八州を歩いてみますと、利根川の瀬替え（東遷）は多くの犠牲を流域民に残したと思わざるを得ません」

弥惣兵衛はこう断ったのちに付け加えた。

「いずれにせよ、新たに開墾された農地には農民と大地との格闘の歴史が刻まれております」

弥惣兵衛は関八州での新田開発と治山治水の状況を、手書きの地図を広げて説明した。

(『江連用水史』、『印旛沼開発史』、『沼南町史研究　創刊号』、『小田原市史』、『山北町史』などを参考にする)。

*

弥惣兵衛が難問を残したと指摘した利根川の瀬替え(東遷)は、江戸期関東平野での最大の土木事業であった。利根川は近世初頭までは、現在の羽生(埼玉県羽生市)あたりから南下して武蔵国を流れ下って江戸湾(現東京湾)に流入しており、これに荒川、入間川が途中から合流していた。下野国(現栃木県)足尾山岳に水源を持つ渡良瀬川もそのまま南流して江戸湾に入っていた。このため一度大雨が降ると江戸の北部に広がる肥沃な関東平野は、河川群の大氾濫原となった。これを防ぐために実施した一大土木事業が、利根川瀬替え工事(東遷)と総称されるもので、利根川の流路を川俣で東に流下させ、栗橋で渡良瀬川と合流させ、さらに常陸川(今日の利根川下流域〈関宿から下流部〉)とつないで一本の流れとし銚子で太平洋に注がせた。同時に荒川を熊谷の南部で南に曲げて、入間川に移し替えるなどの大改修工事であった。(この大工事は江戸幕府の舟運の水路確保を目指したものでもあった)。大工事は伊奈家初代忠次から忠治・忠克と三代に引き継がれ、約六〇年を要した。その結果、関東平野の大沖積層平野が、関八州で最も肥沃な水田地帯に生まれ変わった。江戸を中心とする舟運の水路網も確保されるようになった。

この大事業を手初めとして、江戸時代以前から同時代初期には、仙台藩主伊達氏による北上川の大改修、佐々成政による常願寺川、武田信玄による富士川支流（笛吹川・釜無川）、徳川家康による木曽川、福山藩主水野氏による芦田川、伊予松山藩主加藤氏による伊予川、福岡藩主黒田氏による遠賀川、久留米藩主田中氏による筑後川、熊本藩主加藤氏による白川・緑川の改修工事などにより、現代の日本人の生活の主たる場所となっている地域は、大洪水の発生頻度も比較的少なくなった。これらの河川改修や水路変更により、室町時代には九四万六〇〇〇町歩ほどであった日本の耕地総面積は、江戸時代初期ごろには一六三万五〇〇〇町歩（一・七三倍）に、さらには第四代将軍家綱の中期には二九七万町歩（三・一四倍）と大増加をとげる（大石慎三郎『徳川吉宗とその時代』参考）。しかし河川の瀬替えは流域農民に「光」とともに悲惨な「影」を強要した。

利根川の瀬替えは流路を南から東の銚子方面へと向かわせた。このため洪水を常陸川流域に押し付ける結果となった。それまで水害とは縁のなかった印旛沼や手賀沼の周辺農村では毎年のように大水害に見舞われることになった。その後開削された太日川（ふといがわ）（今日の江戸川）流域でも洪水常襲地が生まれた。

＊

弥惣兵衛は関八州での新田開発の代表的先例として椿海（つばきうみ）干拓事業に着目した。椿海は、太平洋に面した今日の千葉県九十九里浜の匝瑳（そうさ）市・旭市・東庄町とその周辺にまたがる地域に広がっていた。面積は五一二〇町歩（約五一平方キロ）である。浜名湖よりは小ぶりだが、諏訪湖の三倍以上の広さがあった。椿海は水を満々とたたえ、漁村が点在した。

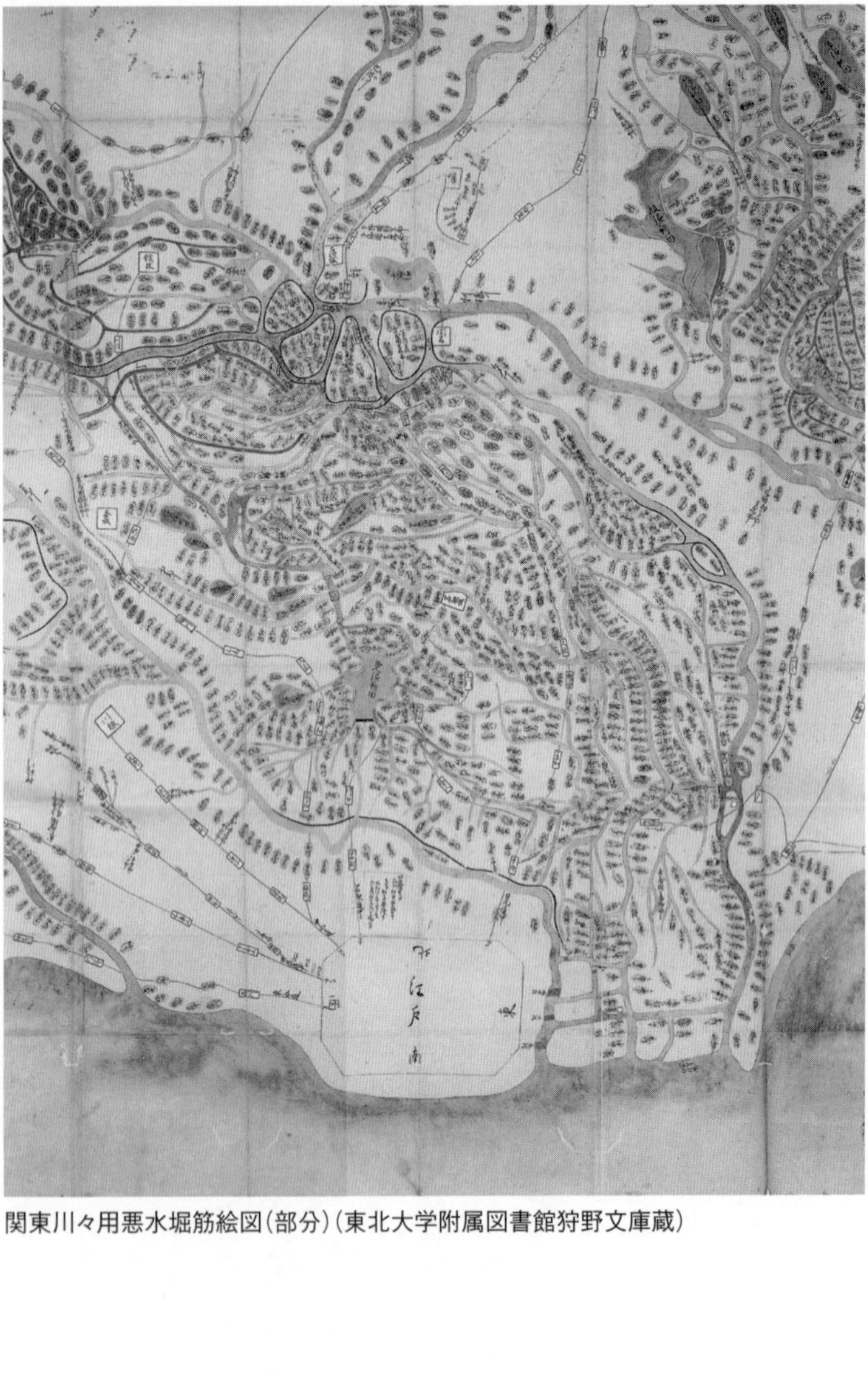

関東川々用悪水堀筋絵図（部分）（東北大学附属図書館狩野文庫蔵）

江戸時代初期の元和年間（一六一五〜一六二三）、元旗本杉山三右衛門は、上総国海岸べりの椿海を干拓しようと幕府に願い出たが、許可されなかった。約三〇年後、江戸町人で本所在住の白井次郎右衛門が幕府に干拓の許可を求めたところ、寛文年間（一七世紀半ば）に幕府はこれを取り上げ、関東郡代伊奈半十郎常忠に現地検分させた。検分の結果、椿海の干拓は広大な水田の確保につながるが、ここを水源としている村々（九十九里浜側の一三か村）の水田は水枯れしてしまう。現存の本田に被害が及びそうな開発計画には賛成できない、との判断を伊奈氏は示した。しかしながら、白井次郎右衛門は、幕府の大工棟梁の辻内刑部左衛門を介して再度干拓を願い出た。辻内は、桑名藩主であった松平越中守定重抱えの腕の立つ大工棟梁で、幕府の大工棟梁に召し出されていた（『徳川実紀』）。白井と辻内は、干拓計画を桑名藩の江戸留守居役田中太郎右衛門を通じて、藩主松平定重に願い出て、そこから大老酒井雅楽頭忠清に説明し内諾を得た。

　幕府は正式に干拓計画を決定し、代官関口作左衛門・同八木仁兵衛を一大工事の普請奉行に任命した。申請者であり同時に干拓請負人であった白井次郎右衛門と辻内刑部左衛門は、椿海を九十九里浜に水抜きする計画を立て、三川村（のちに飯岡町三川）の浜をその場所に決め、浜の方から鍬を入れて椿海に向かって掘り進んだ。しかし、町人の白井次郎右衛門は資金不足に陥って開発請負人から脱落した。

　申請者が脱落したことで、普請奉行もいったん江戸に引き上げて一頓挫してしまった。だが、もう一人の開発請負人幕府大工棟梁辻内は諦めず、再度江戸白金台にある黄檗宗瑞聖寺の住職鉄

鉄牛和尚の墓地（千葉県東庄町）

牛和尚に働きかけた。鉄牛は老中の稲葉美濃守正則の帰依を受けており、この鉄牛の働きかけがあって、再度幕府へ斡旋を依頼し、辻内による開発は実現に向かった。

莫大な資金が再度必要になった。辻内は後援者として江戸の材木商人野田屋市郎右衛門と栗本屋源左衛門を説得して事業に参加させた。一方、幕府も六〇〇〇両の資金を補給して財源のめどは何とか立った。しかし椿海の水を農業用水に用いていた九十九里浜寄りの沿岸の村々一三か村の反対運動が再燃した。干拓後、農業用水は確保されないと立ち上がった。幕府側は干拓後も用水を確保すると確約して農民たちを納得させ工事を再開した。

残された問題は、椿海の水抜きのため排水路（悪水落し堀）をどこに掘るかということであった。九十九里浜に水を落とすのだが、三川村に掘り進むのは、白井次郎右衛門のときに頓挫したことがある。そこで、その西側の井戸野村に排水路を掘りぬく計画を立てた。寛文一〇年（一六七〇）一一月二一日、椿海の排水路が九十九里浜まで通り、いよいよ椿海の締め切り（土俵を積み上げて造った堤）を外して椿海の水を一気に放流した。排水路工事を急いだため排水が多すぎて、排水路を越えた濁流は津波のようになって下流七か村を襲った。土砂は田地に流れ込み、五〇町歩にわたる被害が出て、水死者が相次ぎ、馬も死んでしまうという大被害となった。濁流の洪水が引いた後は、農業用水の不足を招いた。下流の村々では今度は旱害のために食糧不足に見舞われた。

排水路下流の村々の用水と椿海の湖底に生まれる水田のための農業用水を確保しなければならない。そこで考えられたのが、湖の周辺に合わせて一四の溜井（溜池）を作る計画である。椿海の周辺は台地になっており、一四の溜井を湖の周辺に造成してそこから湖底の水田に用水を流すようにした。九十九里浜側一三か村の村々にその溜井から直接用水が流れるようにもした。

湖底の周囲を取巻くように約四〇キロの惣堀（周囲に廻らした堀）を掘り、溜井から一度その惣堀に水を流して、惣堀から湖底の水田に用水を送るという工事を行った。この溜井と惣堀の工事には幕府が六三四三両を出資した。延宝元年（一六七三）に工事はほぼ完了した。

翌延宝二年の春から新田の販売が開始され、入植が始まった。幕府の定めた販売価格は、面積一町歩について金五両だった。幕府は二五〇〇町歩を売り渡して、一万二五〇〇両の収入を得た。幕府の出資金は二回に渡り、合わせて一万二三四三両を支出しており、この二五〇〇町歩を売り渡したことで採算が取れた。入植者のための寺社が必要となって、幕府に寺社建立が願い出され、三神社と五寺院が、かつての湖底の村々に建てられた。その中で、寺院は、真言宗と天台宗の二寺院のほかに黄檗宗の寺が三か所で建てられた。その三寺院とも鉄牛和尚の開山である。

その後、開発の請負人（元締）であった辻内と出資をした野田屋と栗本屋の三人に不正があったとして、幕府はその三元締の職を奪い、同時に三人の所有する土地を没収して幕府領地とした。それは約一二〇〇町歩余りで、幕府は元禄三年（一六九〇）に入札販売をしている。

椿海の水抜き（干拓）から二五年に当たる元禄八年、椿海新田に初めて惣検地が実施された。かつての消えた湖に一八の新しい村落が作られ、村高の合計は二万四四四一石に上り、二万石を超える石高が椿海干拓により生まれた。新田開発は苦難を乗り越えて成功したのである。

*

印旛沼は下総台地の浸食谷の出口が利根川の堆積物で埋められて生成された湖で、江戸時代はW字形であった。（現在は干拓によりその姿を大きく変えている）。

印旛沼の開削工事の特徴は、享保年間（一八世紀前半）平戸村（現千葉県八千代市平戸）の名主染谷源右衛門が江戸幕府に訴え出たことから始まった。神崎川と平戸川が南北から印旛沼に合流する平戸村は、のどかな村が一転して水害常襲地となった。利根川東遷により利根川の洪水が常陸川筋（将監川）に流入し印旛沼に逆流するようになったからである。印旛沼に利根川から逆流して流れ込む大水を地元農民は「日光水」と呼んで恐れた。関東北部の日光方面から流入することから名付けたもので、「日光水」が襲って来ると農民は水塚や二階に避難し軒先に吊るした舟で高台に逃げた。

印旛沼では、他の沼の干拓や開発とは異なって新田開発よりも水害防御のための水路開削を最優先させた。その判断を示したのが弥惣兵衛であり、その指示を受けて現場測量などに当たったのが直井伊蔵と安藤園左衛門であった。享保九年（一七二四）八月二九日、源右衛門は江戸・下谷長者町の弥惣兵衛私邸を訪ねた。

「あばれ沼を鎮めるため幕府のお力をお貸しください。排水路を開削しまして、洪水を江戸湾に流したいのです。沼が鎮まりますれば、水位が下がり新たな土地が現れます。そこに水田を拓くことも可能です。私はすべての私財をなげうつ覚悟です」

源右衛門が開削を試みた排水路（現在）

「とにかく現地を訪ねたい」
源右衛門の心底からの訴えに心を動かされた弥惣兵衛は、排水路開削予定地の現地調査を約束した。この年秋、弥惣兵衛は直井伊蔵と安藤園左衛門を同行させ源右衛門ら名主を案内役に命じて、印旛沼縁りの平戸村から平戸川沿いを馬に乗って進み、横戸村の雑木林を抜けた。ここは高台（分水嶺）であり、ここから平戸川とは反対方向に流れる花見川を経て検見川先の江戸湾まで踏査した。その間四里半（約一七キロ）であった。
一行は早朝に出発し、江戸湾を望んだのは夕刻だった。
幕府勘定奉行は勘定吟味役格弥惣兵衛（新田開発担当）の「水害の惨状を救うためには、洪水をいち早く流す放水路の開削を優先させる」との判断から三〇〇〇両を源右衛門に貸し与えた。しかし、源右衛門の悲願の計画も順調には運ばなかった。源右衛門の見積もりでは、掘割延長四里一二町、人足延べ一五〇七万人、賃金三〇万両、掘った土を置く潰れ地七〇町、潰れ地代金一四〇〇両であった（いずれも概数）。その後、開削する土地の買い上げだけでも三一万両という莫大な経費がかかることがわかった。それでも、幕府が貸与する三〇〇〇両は有難いことであり、源右衛門は工事に取りかかった。平戸村、島田村、米本村、丸麦村、萱田村、村上村、大和田村、下市場村（いずれも現八千代市）の平戸川縁りの村々の協議の結果、各村が自村を流れる平戸川を掘り割って川幅を広げ、平戸川の上流にある横戸村の高台を掘り下げて花見川につなぐことにした。高台の掘削は約七丈（二〇メートル強）も掘り下げる難工事である。農民たちは、鋤、鍬、もっこなど農作業に用いる道具を使って平戸川を掘り進めた。弥惣兵衛の指示を受けた直井伊蔵と安藤園左衛門が現場監督に当たった。

だが、平戸川の地形に合わせた工事だったことが災いして、各村が自分の村の横を流れる平戸川を勝手に拡張したり、河床を掘削したりした。統一のとれない工事となり、平戸川は以前にも増して蛇行の多い川となった。最悪の事態が発生した。かつてない「日光水」が襲って、排水路として拡張した平戸川が氾濫し工事は元の木阿弥となった。享保年間の掘割工事の失敗で源右衛門ら名主はすべてを失い、残ったものは巨額の借金だけだった。幕府も救う手立てがなかった。排水路開削に伴う悲劇はその後も続くのである。

＊

手賀沼は下総国（千葉県）西部に位置する東西に細長い「つ」の字の形をした沼で、江戸期における同沼の新田開発は寛文一一年（一六七一）江戸の商人海野屋作兵衛ら一六人を新田請負方として始まる。排水路を利根川下流四キロの小林村（現印西市）地先まで導き、利根川に落として沼内の排水を図って実施された。沼と利根川との水位の差が少なく、従来は洪水のときに利根川からの逆流を防げなかったために、この排水路が計画された。干拓は困難を極め、布佐・竹袋間に設けた堤と圦樋（水の取り入れ口）は洪水によってたびたび破壊された。元禄元年（一六八八）、同一三年にも圦樋が決壊して、利根川の水が逆流し沼一帯は大洪水に見舞われている。鍬下年季（新田開発後年貢などを免ずる期間）七年で始まったこの開発は三年延期されて天和元年（一六八一）の検地に改められた。（この予定も大幅に遅れ、検地高入れされたのは享保一五年（一七三〇）であった）。

次いで享保期に、幕府による新田開発政策として同沼の開発が実施された。これを指揮したのが弥惣兵衛であるとされる。沼中央部の布瀬村（現柏市沼南町）・新木村（現我孫子市）間に千間堤を築き、排水路を下沼の両縁りを回して利根川に落とし、堤下の下沼全域を干拓しようとした。「井澤開墾」と名主らには呼ばれた。実質的な工事の監督は、弥惣兵衛と同じ紀州出の江戸商人高田茂右衛門と幕府普請方に任せたものと思われる。千間堤は「高田堤」とも呼ばれており、高田は工事の出資者でもあった。

ここでも利根川の逆流に苦しめられた。洪水のたびに逆流する大水に千間堤は全く役にたたず、下沼干拓は完全に失敗に帰した。享保一五年の検地によって手賀沼新田三九か村組合、約一三〇〇石が高入れされた。中心は発作新田、亀成新田（現印西市）の高六八七石、沖田・大作・浅間前・相島・布佐下の各新田（現我孫子市）など三一〇石余である。沼回り三九か村の名主たちは、手賀沼の洪水防御と干拓のために江戸川につなぐ排水路の掘削を強く願っていた。（手賀沼は、太平洋戦争後の一大干拓事業によって下沼と呼ばれた沼の東半分のほとんどが干拓され水面積は半減し今日に至っている）。

＊

手賀沼からやや離れた南方に小金牧が広がっていた。小金牧は四十里野、小金野、小金原と称される下総西部に南北に続く牧（鹿狩り用の牧場）の総称である。北から荘内牧（現野田市）、高田台牧（現柏市・流山市）、上野牧（現同上）、中野牧（現柏市・松戸市・鎌ヶ谷市）、下野牧（現鎌ヶ谷市・市川市・船橋市・八千代市・千葉市）と連なり、これにやや離れて印西牧（現白井市・印西市）が広がる。享保一〇年（一七二五）、同一一年と、将軍吉宗は小金牧で大がかりな鹿狩りを行い、騎馬三〇〇騎を含め二五〇〇人前後の武家と百姓勢子、三〇六村、一万四四四一人が動員された。一〇年の鹿狩りでは、猪三匹、オオカミ一匹、鹿七七四匹、キジ六羽が当日の捕獲物で、翌日以降に持参した捕獲物を加えると一〇〇〇を超えた。鹿の繁殖が目立ち、野犬の群れが軍馬用の野馬の繁殖を妨げていた。

第八章

関八州での新田開発と治水策の光と影②

諸役人は言うに及ばず、一家中の者共一統に心を合わせ勤むる時は、
当家相続せずと云う事なし。是皆主人と家老の心に有るべき事なり。

「紀州政事草」(伝徳川吉宗筆)より

鬼怒川と小貝川に挟まれた南北に連なる細長の地は、大半が下総国（現茨城県）に属する広大な湿地であった。享保七年（一七二二）九月、将軍徳川吉宗が新田開発の可能な湖沼、湿地、河川敷を下問したのを受けて、同一一年、西当郷村（現下妻市）の平作と小兵衛、伊佐山村（現筑西市）の彦兵衛、野殿村（同前）の源兵衛の名主四人は、三つある溜井（現下妻市にあった南北に広がる溜池）中では最大である大宝平沼の干拓申請を出した。（これより先の享保八年八月、鬼怒川流域は未曾有の大洪水に襲われた。「五十里の洪水」である。最上流の水源地である下野国（現栃木県）山間部の五十里湖が長雨により突然決壊して、壁のような激流が流れ下り堤防を切り刻んで、多くの流域民の命をのみこんだのである。今日決壊した五十里湖の近くに五十里ダムが建設されている）。

幕府の地方御用掛を兼務する南町奉行越前守大岡忠相は、新田開発担当・勘定吟味役格井澤弥惣兵衛為永とその配下の地方巧者を現地に派遣して干拓事業の是非を調査させた。弥惣兵衛は一大干拓事業である飯沼新田開発のため鬼怒川筋の調査を行っていたので、現地の地形や地理に明るかった。「五十里の洪水」の被災地にも脚を運んでいた。

弥惣兵衛は大宝平沼だけでなく、江沼（または江村沼）と砂沼のいずれも沼底が浅いことから三つの溜井を一括して干拓し、それに代わる農業用水（代用水）として下野国芳賀郡上江連村から用水路を開削して鬼怒川の水を取り入れる計画を立てた。これが江連用水である。総延長約九里半（三八キロ）のこの「代用水」は、流域五三か村に石高二万六〇〇〇石余の収穫をもたらすことになる（拙書『荒野の回廊』参考）。

弥惣兵衛の計画は、紀州流を取り入れており、圦樋（水の取り入れ口）から耕地までの用水路はなるべく高い地点を通し、しかも地形の勾配を利用して用水を自然流下させ、水路を直線にして最短距離を通らせるようにした。江連用水は鬼怒川流域最大の農業用水路であり、工事費用は弥惣兵衛の判断ですべて幕府経費から支出された。

＊

一八世紀初頭（元禄から宝永年間）、日本列島は地震、津波、大洪水、火山噴火に相次いで見舞われた。富士山噴火のほぼ五〇日前の宝永四年（一七〇七）一〇月四日、東海地方から紀伊半島、四国の太平洋岸にかけて大地震が発生した。富士山の噴火は一一月二三日で、前日から地震が続いていた。噴

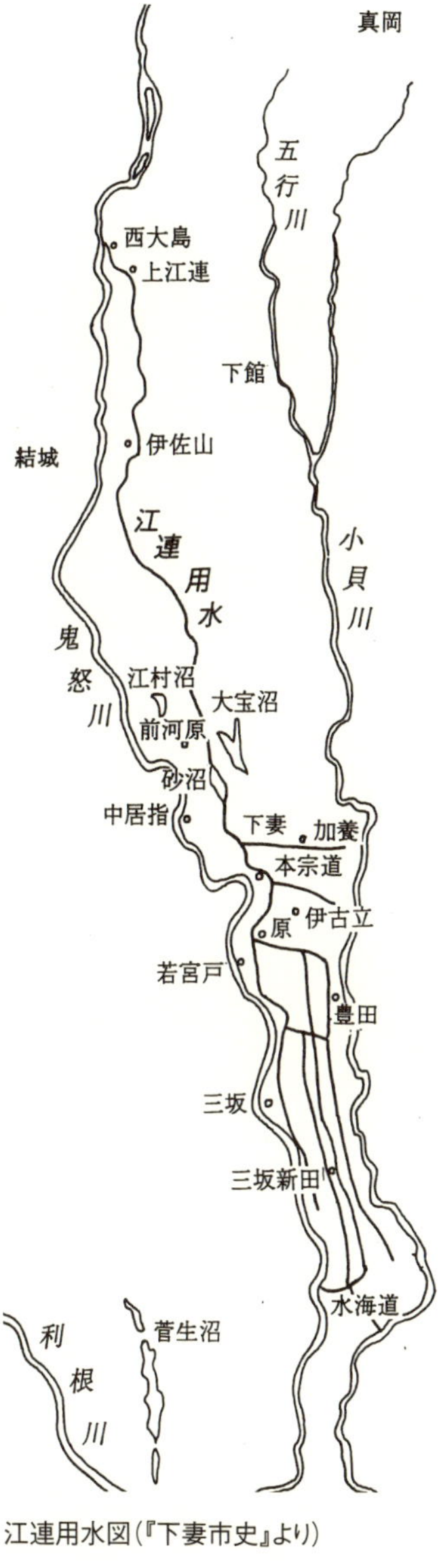

江連用水図（『下妻市史』より）

火が始まったのは巳の刻（午前一〇時ころ）で、五合目付近の東南斜面から爆発し、焼け石や砂・灰が大量に吹きあがった。噴出物は北西の風に乗り、駿河国東部、相模国、武蔵国（現静岡県東部から神奈川県・東京都・埼玉県まで）の村や町に降り注いだ。江戸の街は雪が降りしきったように真っ白になり、砂ぼこりが煙幕のように舞い上がった。

年明けの閏正月七日、関東代官伊奈半左衛門忠順に小田原領の被災地を当分の間支配し、砂除けと川浚い普請の奉行を勤めよとの幕令が下った。その後、酒匂川の川浚い御手伝い普請を命じられた五藩のうち岡山藩は酒匂川の足柄平野への出口に当たる中小河川の流れ込む場所を担当した。ここは水害の多発地域で、工事内容も川浚いだけではなく、水害防止のための堤川除普請も命じられた。しかしその後も、河床の上昇が続いて水害が頻発し、享保一二年（一七二七）幕府は、南町奉行兼関東地方御用掛大岡忠相のもとで、田中休愚が中心となって、治水事業が推進された。その指導監督として現地に赴いたのが井澤弥惣兵衛だった。

「井澤殿に頼みたいことが出立しました。勘定奉行筧播磨守殿に申し入れる前に、貴殿の御考えを確かめたい。実は将軍様から拙者に直々にお言葉がありました」

南町奉行・越前守大岡忠相は、身を乗り出すようにして勘定吟味役格井澤弥惣兵衛に語りかけた。

「将軍様からでありますか」

「さよう。相模の酒匂川のことである。将軍様は『富士山が大噴火して、その灰が関東一円に降り積もったのはざっと二〇年前のことであるが、それが未だに足柄方面では万民を苦しめている。その苦難を解いてやるのが幕府の務めである』と仰せられた。『何とか川普請が出来ぬものか』と命じられたのです」

「川底が降り積もった火山灰で異常に上がり、洪水が頻発していることは承知しております。流域の農民が飢えに苦しんでいることも聞いております」

弥惣兵衛は相づちを打って答えた。

「丹沢の山岳地から流れ落ちる急流が氾濫を起こしている。降り積もった灰は深い所では二尺（約六六センチ）にも達している。大雨が降るごとに灰が酒匂川に流れ込んで、川底を上げ続けている。その結果、古い堤防は切れて激流が平野部に氾濫し、川筋は乱流のまま手付かずの状態である」

小田原藩は被災地の村々を「経営が出来ない」として幕府に返上した結果、すべて幕領になった。

弥惣兵衛は腕組をして考え込んだ。関八州では飯沼新田開発をはじめ吉田用水、江連用水の水路開削さらには大宝平沼・江沼・砂沼の干拓も指揮しなければならない。いずれも一大事業であり、これらのほかにもう一つの大事業を引き受けられるだろうか。大岡は、弥惣兵衛の不安を察して語りかけた。

「田中休愚を現場の監督に命じ、貴殿がその上に立って工事全般を指揮してくれまいか」

弥惣兵衛は土木事業に秀でた田中を配置すると聞いて工事の責任者になることを了承した。

田中休愚は、寛文二年（一六六二）三月一五日武蔵国多摩郡平沢村（現東京都あきる野市平沢）の甲斐武田旧臣の家系を引く名主窪島氏の次男として生まれた。成長ののち、武蔵国橘樹郡小向村（現川崎市幸区）の田中源左衛門宅に出入りし、これが縁で源左衛門の姻戚関係に当たる川崎宿の名主で本陣・問屋役を兼ねていた田中兵庫家に養子縁組することとなった。宝永元年（一七〇四）、四三歳のとき養父の跡を継ぎ、本陣の当主となった。その後、関東郡代伊奈半左衛門忠順に上申していた川崎宿の財政立て直しのため六郷川の渡船権が許可され、宿場の復興と繁栄をもたらす基礎を築いた。

『民間省要』を将軍吉宗が上覧した後、田中休愚の身辺には変化が起きる。同書は江戸期の民政文献として不朽の名著とされる。享保八年（一七二三）に井澤弥惣兵衛の指揮下に、武蔵国大里、埼玉両郡の荒川、また荏原・橘樹郡内、多摩川及び両岸の六郷・二ヶ領用水の川除御普請御用を命じられ、一〇人扶持が支給された。一日につき米五升が手当として与えられた。（この段階で、弥惣兵衛と休愚が知り合いの仲であったかどうかは不明である）。

休愚は『民間省要』の中で酒匂川の治水について「富士山の砂の難にかかりし相州酒匂川入は、人民御救として砂除け・砂浚い郷村田地の為の御普請有しに、諸侯大夫命令下り、其領の人民を費し集めしめ、夥しき金を出して曾てその験なし、金空しく商客の有となりて、御慈愛の御心、民中へ届かざる事こそ口惜しけれ」と前代の幕府の大名手伝い普請のやり方を批判した。そして同一一年、洪水に苦しむ相模国酒匂川の治水工事（河川改修・護岸工事）を婿の巳野庄次郎（のちの代官蓑笠之助正高）とともに手がける。

＊

休愚は一月、酒匂川の足柄平野への出口に当たる大口土手と岩流瀬（がらせ）土手が見渡せる川村向原（かわむらむかいはら）（現山北町）の寺院・花蔵院を現場事務所兼宿舎として確保した。ここは弥惣兵衛ら幕臣の宿舎にも当てられた。工事に使う大量の材木・縄などの建設資材や岩石・土砂を地元材木商・石材商や大工に注文した。工事の要である河川締め切りは、降雨の少ない真冬の二月から農民を総動員して開始

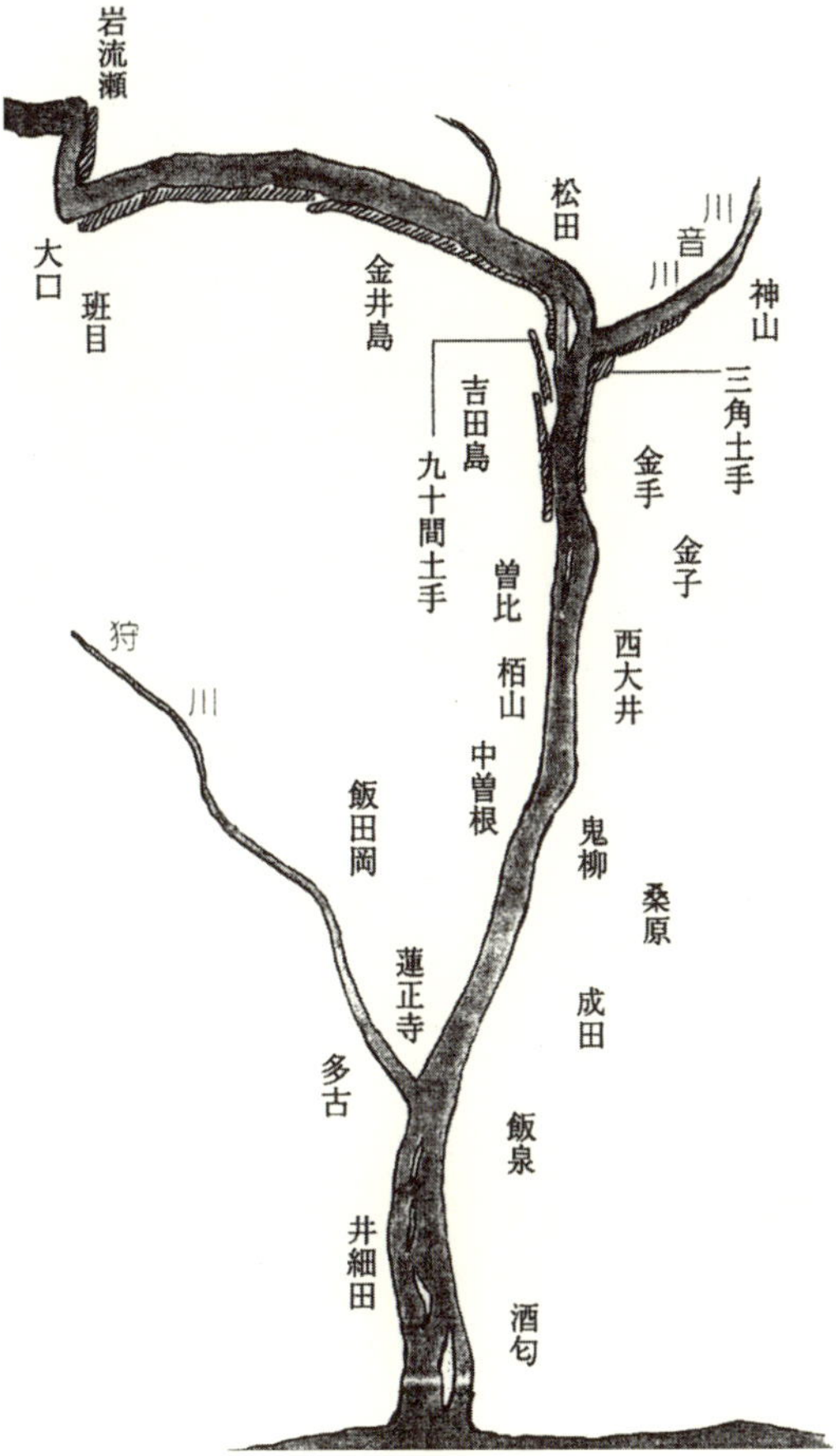

酒匂川と流域図

田中休愚の墓（川崎市幸区・妙光寺）

された。酒匂川は、上流から右折、左折と二度直角に折れてから西から東に流れ下る。その中間の破堤しやすい左岸に岩流瀬土手を、また下流の右岸に大口土手（現南足柄市怒田）を構築するのである。洪水による破堤の恐れは大口土手側の方が大きかった。

休愚は、水制として丸太などの木材を組み立てた独自の「弁慶枠」を考案した。これは木材を大きな箱のような形に組立てて中に河原の石を入れて川底に固定するものである。激流がぶつかる土手の法面（表側）に食い違いに並べて水の勢いを抑えた上で土手を締め切った。大口土手は今日のメートル法で計算して、高さ五・五メートル、上面（馬走、馬踏）の幅一二・六メートル、土台の幅三二・四メートルという巨大な堤防である。大口土手が完成した際には、弥惣兵衛も現地視察をしている。

大口土手は、法華堤、陀羅尼堤、休愚堤などの名で呼ばれたが、文命西堤（岩流瀬堤）、文命東堤（大口土手）と区別しても呼ばれた。「文命」は治水の功績によって、中国古代の皇帝舜の禅譲を受けて夏王朝の始祖となったとされる禹の異名である。この誉えある名が同年七月三日、大口土手の側に設けられた禹祠（現在の福沢神社）にも使われている。このことは休愚が当代きっての儒学者荻生徂徠に学んだ知識人であることを示している。休愚は自身の撰文による文命堤碑を東西の堤上に建立した（『明治以前日本土木史』参考）。

酒匂川は、休愚や婿の代官蓑笠之助が技工の限りを尽くし禹を祀る祠まで建立して、水害の根絶を企図した。だが、その後も大洪水が続き、流域の右岸・左岸の農民の対立は激化する。享保一四年（一七二九）、休愚は支配勘定並に登用され幕臣となって武蔵国多摩・埼玉両郡で三万石を支配したが、同年一二月二二日病没した。享年六八。

＊

酒匂川の堤防構築現場から帰って間もなく、弥惣兵衛は江戸・下谷長者町の私邸に江戸の商人高田茂右衛門を招いた。

「武蔵国足立郡の見沼溜井にいち早く新田を開いた加田屋は、我々同様に紀州の出と聞いたが事実であるか」

弥惣兵衛が語りかけた。茂右衛門の説明によると、加田屋は初代の商人坂東助右衛門尚重が正保元年（一六四四）に紀州の紀淡海峡に面した名草郡加田（現和歌山県加太）から江戸へ出て、北新堀に住居を構えた。（北新堀は現在の中央区箱崎付近。二代四郎右衛門尚政、三代助右衛門尚常）。加田屋初代は見沼溜井での新田開発を目論み、延宝三年（一六七五）に開発を幕府に願い出て免許を得、入江新田五二町歩余を開発した。加田屋が見沼に新田を開くに当たり、沼の西を締め切って沼の上流の流入水を綾瀬川に落とす流域変更を行った。その結果、見沼溜井の水量が減り、各村の用水確保に支障をきたすようになった。その一つに、染谷村と膝子村の水争いがあり、加田屋にも争いの付けが回って来る。

南部領の染谷村は見沼溜井から東に水を引いている天久保（あまくぼ）用水を利用している。加田屋の入江新田が開発されて以降、水量が減って使いにくくなった。渇水の年は田植えができなくなった。そこで同じ南部領の膝子村と相談して、入江新田の悪水落し堀（排水路）の末端で堰（せ）き止め、水かさを上げて染谷村で使うようになった。渇水のときには慣例となっていた。享保三年（一七一八）六月九日夜、膝子村から農民たちが大勢押しかけてこの堰を切り破ってしまった。「理不尽な致し方」と染谷村は怒って対立が激化した。公儀（幕府）は何かと問題の多い入江新田を取り潰した。同新田は昔の沼に戻ってしまった。

「新田開発の見分願いが地元の沼べりの寺・万年寺から出されたようです」

茂右衛門は付け加えた。彼は見沼干拓が始まることを察知していた。弥惣兵衛は腕を組んだまま考え込んでいた。

見沼溜井の誕生は、寛永六年（一六二九）関東郡代伊奈半十郎忠治が八丁堤を沼尻に築いて用水源としたことによる。丁は町と同じで、一町は六〇間、約一〇九メートルである。八丁堤は八七二メートルになるが、一キロに満たない堰堤を築いて、堤の下流部に広大な水田を開くことに成功した。それは寛永年間（将軍家光の統治時代）で、八代将軍吉宗治世より約一世紀もさかのぼることになる。

見沼は鹿が角を立てた形に似ている。大宮台地を刻む浸食谷の出口が、入間川（現荒川）が運んだ土砂の堆積（自然堤防）によって塞がれて生じた沼であった。マコモや葦それに竹のしげる沼は鯉やフナなど魚類が豊富であった。東西の幅は狭く、南北の奥行きは長い。入江も多く、下流部はデルタ状に広がっていた。その沼尻のくびれた狭い所に八丁堤が築かれ、堤の以南は干拓されて水田

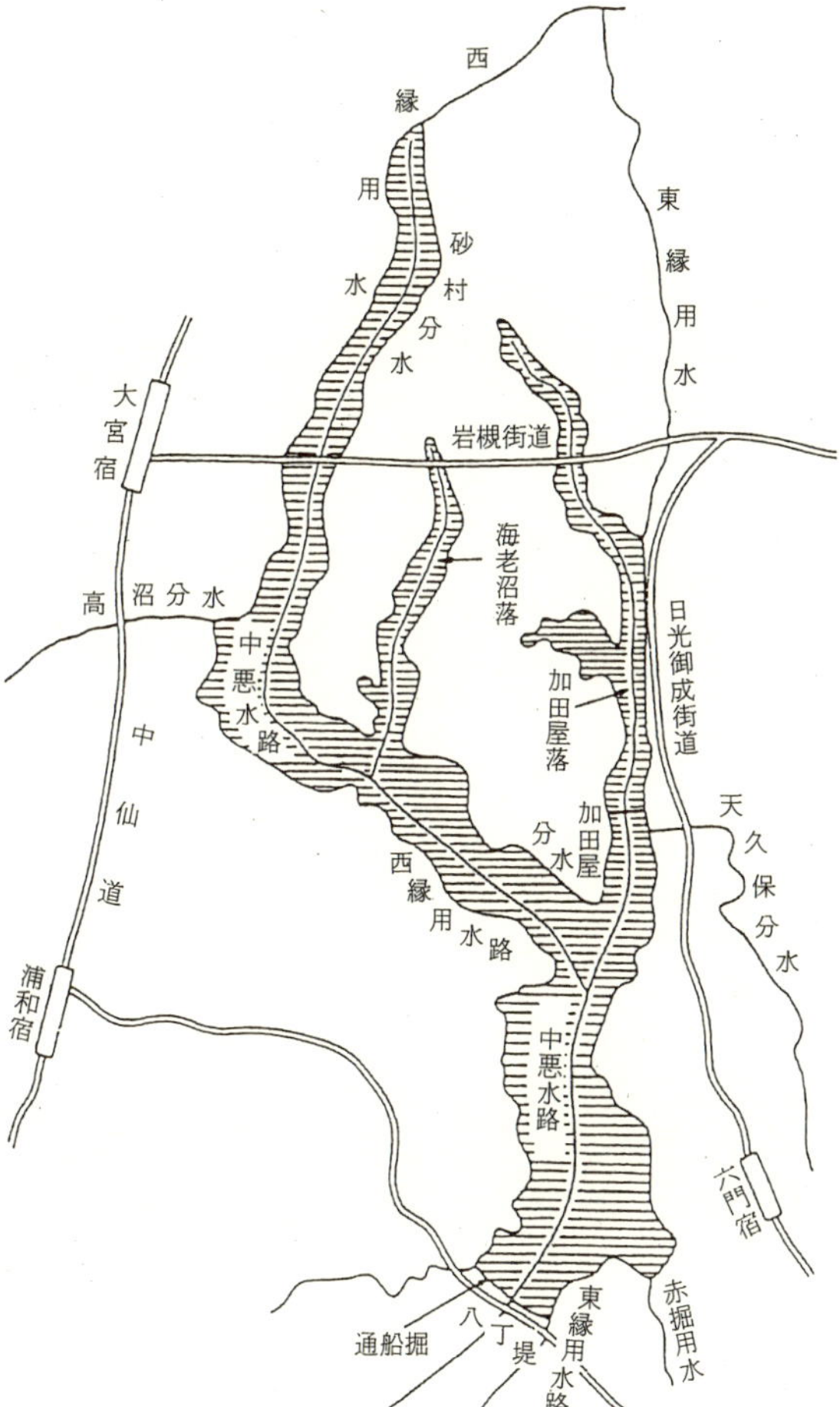

見沼のあったころ（見沼代用水土地改良区）

となった。同堤が、木曾呂を東に、附嶋を西にして築かれると用水取水樋が設けられて見沼溜井の水を引いた。東縁用水と西縁用水である。このころ、野田の鷺山が生まれた。弥惣兵衛も優美なサギの群れを見たことであろう。

＊

「このごろ、紀州藩士の故浅井駒之助殿の故事が思われてならぬ。拙者が年寄りになったせいかも知れぬが、この世も浅井殿を必要としているのかも知れぬ」

弥惣兵衛は目の前の高田茂右衛門に再び話しかけた（以下『日本の近世、支配のしくみ』参考）。

紀州藩士浅井駒之助は延宝七年（一六七九）の初めに『長保寺通夜夢物語』（長保寺は藩主の菩提寺）という「紀州の国政を評した落書」（藩医石橋生庵の「日記」）を著した。生庵はこの落書を、同年一月二〇日に江戸で読んでいる。落書は、初代藩主徳川頼宣（よりのぶ）の後を追って殉職したとされる的場源四郎が、当時の紀州の実情を憂え頼宣の意を受けて、幽霊となって駒之助の前に現れ、彼の質問に答える形式で書かれている。そこでは、「此国の有様、南龍院殿（頼宣）世を去り給ひてわづかに八年になり侍りぬ、其月日いくばくならぬに士農工商共に苦しむ事大方ならず、既に御家滅亡に及（および）ならんとす」との状況認識が最初に掲げられ、その原因として次のような点が挙げられた。

二代藩主光貞が、「御遊山・御普請すき、御能・御鷹野すき」なまま「世の中は夢じゃ夢じゃただ楽しめと計（ばかり）」にて「行く末の考えもなく」、「国を治め、世の鏡に成」るべき自己の任務を放棄していること、また、本来主君を補佐し、主君の悪政を諌（いさ）めるべき立場にある「老中・出頭・奉行」の人々が、自己の任務を果たさないだけでなく私欲のため、事前に「御仕置」（政策）の内容を「己が贔屓のもの出入町人」にひそかに洩らし、その結果、米の買占めなどが起こる一方、藩の財政を持ち直すことのみ考えて、「仕置」をするため、「御家中侍下々町人百姓までも労れはて、今は牢人の支度より外にない」状態になってしまっていることなどであった。藩政が極めて紊乱している様子を痛烈に批判した上で、こうした「侍の迷惑、百姓町人の痛み」が結局は、「侍どもも飢えに及び、町人は乞食となり、其の上にて国中百姓共一揆を起し、先年の天草の如く紀州を棒に振る」事態を招来させるという。藩内の衰弱が結局は百姓一揆を招き、幕府の咎めによって紀州藩の没落を招くという危機意識が、そこにはあった。

　駒之助は、このときは落書の形式をとったため、藩の咎めを受けることはなかった。しかし、元禄二年（一六八九）ころ、今度は熊野三所権現に誓い、誓紙を差し添えて責任の所在を明確にした上で、再度批判書を藩に提出した。そのため、元禄三年二月、罪を得て伊勢田丸に幽閉された。駒之助は四年後に断食を始めた。断食を止めるようにとの傍輩の諫めに対して「今迄は万々一御尋もあらばと長らえたり、最早左様の事もあらじなれば、存命無益なり、人は人、我は我なり」（『南紀徳川史』）と述べて、三七日間の絶食の果てに死んでしまった。

　その生き様は、「御家中侍下々町人百姓」の立場に立った仁政を求めて、自己の死を賭してまで藩政批判を実践した武士が存在したことを知らせる。駒之助の立場は、藩政の混乱が、民衆支配を共同利害として結集した領主階級の結合を破綻させる、という危惧に基づいていた。その限りにおいて、彼が武士の立場にあったことは事実だが、同時に武士として「町人百姓」の姿を常に意識し続けた。ここに駒之助の治者としての責任を見出すことができる。

幕末・明治を生きた元紀州藩士堀内信は一七三巻に上る『南紀徳川史』を編纂したが、「名臣伝」の中に浅井駒之助を加えている。駒之助が、藩政を批判し獄死したにもかかわらず、である。彼の長男、次男はその後の消息は不明だが、三男忠八清成は、はじめ「大番組二〇〇石」で召し出され、郡奉行、御勘定頭、町奉行を歴任して、享保年間には「大番頭格」となって八〇〇石の知行取となった。忠八は「寄合」に出仕し、藩政に参画するまでに出世した。忠八はまた、当時大嶋伴六と並ぶ「時の明吏」と称されてもいた（『南紀徳川史』）。

弥惣兵衛は茂右衛門に言う。「忠八殿の姿は、藩政の安定した状況における父駒之助殿の姿だ。出来れば拙者も見習いたいものだ」。忠八は名草郡の郡奉行を務めた。それは、弥惣兵衛が紀州藩に取り立てられて会所詰のころのことで、弥惣兵衛は年若い忠八の凛々しい姿を思い出していた。

「この故事を将軍様はどうお考えだろう」

弥惣兵衛はうつむきかげんになって、つぶやいた。

＊

江戸府内外の出来事を編年に記した『武江年表』（斎藤月岑編）には、高田茂右衛門に関して以下のような記述が見える。

「享保十五年（一七三〇）庚戌

足立郡見沼に新田を開かる。去る戊申年（享保一三年）下総に手賀沼を新田に開かれし頃、高田茂右衛門友清といふ者、其の選にあづかり其の功を全うせしが、今年も又命ありて弟鈴木文平胤秀と倶に此の事を司り、多くの功を立てたり。其の頃見沼の新川に船を通ぜん事を望みしかば免し給ひ、享保十六年足立埼玉の二群の内にて六ヵ所の地を給ひ、江戸神田川の辺にも邸地を給ひて、見沼川運漕主事に命ぜられたり。其の所を通船屋敷といふ。其の子孫弘化四年の件に記せる小山田与清（国学者）是なり。

筠庭（人物不詳）云ふ、去る戊申九月の大水、郭北（江戸下町）尤も甚だし。士民数十万魚鼈（水中動物）となりて、死者数万余人。国初已来これなき大災なり。近時興利の臣議して、瀦沢（沼地）を涸らして新田を作る。其の水を他所に流す、地勢を知らず水の性に逆ふ。是の水災ありし所以なり。何ぞこれを功とせん。高田某もそれに付きたる者共なり。此の事『紫芝園漫筆』（太宰春台著）下巻に出たり」。

干拓や大規模な新田開発が大洪水の引き金になっているとの指摘である。

第九章

見沼代用水の開発
――開削決水への道①調査

政事は領内限りの政事にあらず、公儀の御政事なれば、
随分念を入れ申すべく候。

武士は金銭を余り重宝致すべからず候。

「紀州政事草」（伝徳川吉宗筆）より

〈もののふの時――「水いかり」は「民いかり」〉

長松山（のちに長昌山）万年寺は曹洞宗の名刹である。享保一〇年（一七二五）ころの住職は一五世小島某だったと思われるが不明である。創建当時の伽藍は水辺に立っていた。だが寛永年間（一六二四～一六四四）に関東郡代伊奈忠治が築造した八丁堤による一大湖水（見沼溜井）の誕生は、湖岸の低地や沼地を湖底に沈めた。沼回りの村々では水位が上がって陸地を水没させることを、恨みをこめて「水いかり」と呼んだ。水位が異常に上昇し湖面が広がると大洪水が発生し村人の命や財産を奪った。「万年寺略誌吟」に恨み節が見える。（『大宮市史』より、原文は漢文）。

「伝えによると元禄の初め（一七世紀末）／見沼の湖面が荒れて、大波が沿岸の住居を襲い／往来の船を転覆させ／吾が寺も水災にかかった／寺領はことごとく水面と化し／竜神は毎夜松樹に神灯を掲げ／万年寺山門まで水面が迫った／その様は際限なく、ほとりを知らない／諸村の境がなくなるほど湖水と化し／水辺の二三戸の民は居を失い沢辺を嘆きさまよい／万年寺伽藍を北西に移す。」

弥惣兵衛と太左衛門が「御免」と声をあげて玄関に立つと、初老の住職が姿を見せた。

「御公儀の井澤様と保田様でございますな。玉書はいただいております。どうぞお上がり下さい」

「拙者の飛札（急ぎの書状）が御元に届いていたようで安心申した」

弥惣兵衛は挨拶代りに語りかけた。客間に招じ入れられた二人は、初対面の住職と一通りの挨拶を交わしたのち、住職の「願書」が幕府首脳を動かして見沼溜井の開発を急ぐことになったと伝えた。

「この地では〈照れば干ばつ、降れば水害〉の生き地獄の暮らしです。我が田に水を引きたくなるのは人情です。不足すれば村々の水争いとなり、挙句に血の雨を降らすことになります。騎西(きさい)領と忍(おし)領の水争いがその代表例です。見沼の溜井は水下には救いの水ガメとなりましたが、水上には御利益など全くございません。もう我慢できぬと思い詰め、あのような願書を差し出しました。仏に仕える身の心からの訴えでございます」

万年寺の山門

「御前(ごぜん)のお気持ちは十分に理解する。今回は水盛前の下見分だ。何なりと土地のことをお教え願う」

弥惣兵衛が語りかけると、住職は身を乗り出して語り出した。

「溜井の水上の村々ははるか北を流れる利根川の水を欲しがっています。二百十日の大嵐で利根川右岸の堤が切れたとき、濁流はどこを流れ下って農民の生命や財産を奪い荒川に落ちたか、農民たちはよく知っています。この濁流の跡を追っていけば、用水路の筋道を探すのに、そんなに苦労しなくても済むと思います」

井澤弥惣兵衛顕彰碑（万年寺）

「拙者も同じ考えである」

弥惣兵衛は深くうなずいて語を継いだ。

「水のこと、川のことは、地元の農民が一番よく知っている。古老の声を集めれば、それが自ずから水路となろう。輪王寺宮様（親王）から大樹様（将軍吉宗）へ沼の開発の話があったのも、地元の名主の声を聞かれてから、との話である」

　この夜、弥惣兵衛と太左衛門は万年寺住職が語る見沼溜井にまつわる話に耳を傾けた。「見沼干拓」との一大計画が降って湧いたとしても、見沼溜井周辺の村々では直ちに理解を示すことになろうとの感触をつかんだ。「水いかり」とは「民いかり」に他ならない。

「反対者には説得あるのみ、である。抑えつけるような交渉は後遺症を残すだけである」

弥惣兵衛はあらためて自身に言い聞かせた。

（見沼代用水土地改良区『見沼土地改良区史』、同『見沼代用水路の開疏と経営』、黒葛原祐「弥惣兵衛父子」、海南市海南歴史民俗資料館「井澤弥惣兵衛」、市川正三『井澤弥惣兵衛為永』、本間清利『関東郡代』などを参考にする）。

＊

享保一〇年（一七二五）九月半ば（今日の一〇月半ば）井澤弥惣兵衛は、紀州藩以来の部下で地方巧者である保田太左衛門と小者（従者）二人を引き連れて荒川を舟で渡った。（『南紀徳川史』によると、井澤を支えた紀州藩からの地方巧者は、保田太左衛門をはじめ、松村兵蔵、中川伊右衛門、大河内長兵衛、岩橋藤次郎、岡本文五郎、佐久間宜言、塩路善右衛門、保田元珍、秋月重光、以下は杖突（現場測量役）で仁左衛門、文次郎、武兵衛、理右衛門、三右衛門の合計一五人である）。

大嵐のあとで、荒川の乱流は速く岸辺まで漲っていた。舟は急流に流されながらも小者の巧みな棹と櫓のさばきで対岸の川口宿に漕ぎつけた。弥惣兵衛は大嵐のあとに武蔵国（現埼玉県）見沼の下見分を思い立った。それは洪水の際には、濁流の痕跡が大地に刻まれて、水の流れの特徴や地質・地形が確かめられるからだった。

下見分は、見沼溜井の広さや周辺（大宮台地）の地形さらには村落の場所を確認する旅である。この遠出には重要な役割があった。伊奈家訪問である。一行は、道を北に取り鳩ヶ谷宿から新井宿へと進み、そこで右（東）へ折れた。深い堀を巡らせ土塁を築いた赤山陣屋の正門前に出た。あたかも平城のようである。関東郡代伊奈半左衛門忠逵の館である。（伊奈家は江戸・馬喰町にも役宅を構えており、小菅（現東京都葛飾区西部）には別荘があって、将軍吉宗は鷹狩りの際にこの別荘を使っている）。

赤山陣屋は伊奈家三代備前守忠治が築いたもので、土木巧者（土木技術者）忠治は、利根川東遷や荒川流路付け替えなどの大事業を手掛けている。八丁堤を築いて見沼溜井という武蔵国最大の沼沢を実現させたのも彼であった。江戸初期の伊奈家は関東の直轄地二〇万石余をあずかった。有力

赤山陣屋跡（川口市内）

大名に勝るとも劣らない石高である。関東郡代を世襲する名家として八代忠逵に至った。

忠逵は享保四年（一七一九）幕命により、勘定吟味役辻六郎左衛門守参らとともに葛西用水の元圦（水門）を新設する工事に携わり、同六年には関東の主要な河川の浚渫を行って将軍吉宗から褒賞を授かった。だがその一方で、同年秋、収納したコメの中に腐れ米が大量に混っていたのを見逃したとして、一か月の閉門の厳罰に処せられた。彼は同様な閉門の処罰を四回も受けた。有能な郡代（統治者）との人物評はどこからも聞こえなかった。

伊奈家は独自の技法で治水事業に携わってはいたが、幕府首脳は新たに紀州から弥惣兵衛ら地方巧者を招いた。幕府首脳（勘定奉行ら）が伊奈家の治水技法では国家の困窮を救うことができないと判断し出した。測量の方法一つをとっても「紀州流の水盛（測量）の方が能率的であり正確である」として、伊奈家の農政・治水策を「古法」「古来の法」と否定し始めた。一方、弥惣兵衛は下総飯沼の開発、吉田用水の開削との懸案事業を短期間に相次いで成功させ、その治水・利水技術は揺るぎないものになっていた。幕府首脳は、次いで見沼溜井とそれに代わる用水路の掘削を計画するよう求めてきた。

弥惣兵衛は赤山陣屋（三万三〇〇〇坪）の正門を仰いでから庭内に足を踏みこみ、門番に案内（あない）を請うた。当主忠逵は在宅であった。

「よくいらっしゃった。縁側のそばの日当たりのいい居間でお話ししたい。表庭の方から廻っていただきたい」

三六歳の主人は幕府勘定方の突然の訪問に面長の顔にやや歪んだ笑顔をつくった。弥惣兵衛と太左衛門は二人の小者を門番所に残して縁側に出た。そして主人の招きに応じて居間に入った。陣屋は高台に築かれている。生垣の向こうに日光街道に沿う草加宿の家並が見えた。綾瀬川の川筋が光って蛇行していた。

＊

「見沼溜井を干して水田にするということは、伊奈様のご先祖の功績をないがしろにする結果になり、誠に心苦しいことでございます」

弥惣兵衛は畳に両手をついて頭を下げた。同座した部下の太左衛門も深く頭を下げた。弥惣兵衛は日焼けした顔を正面に向けて付け加えた。

「何かと御支援をたまわることも多いかと思います。拙者は、利根川から荒川までの代用水路の開削予定地と考えられる地域はくまなく歩いてみます。ですが、しょせんは紀州出の田舎者であります。この関八州の地で一〇〇年以上もの間郡代をなさっている伊奈様の支援がいただけなければ新田開発事業の成功はおぼつかなく存じます」

上座に正座する関東郡代八代伊奈忠逵は額に小じわをつくりながら軽くうなずいた。

「御公儀（幕府）がお決めになったことゆえ、拙者があれこれ言うことは差し控えたい。拙者が葛西用水の元圦工事を手掛けたことはご存知であろう」

中年の関東郡代は、見沼溜井を干あげてしまう新田開発について触れることを意図的に避けているように見えた。

「見沼の水上と水下の農民たちで利害損得がまったく異なる。とくに水下の農民たちは用水確保がおぼつかなくなるとして猛反対するであろう。それに耐えられますかな」

忠逵はこう語り弥惣兵衛を見つめた。

「伊奈様の築きました八丁堤を取り除き、悪水排水路を掘ることになろうかと思います」

弥惣兵衛ははっきりとした口調で語った。

「貴公の詰所は片柳にある曹洞宗の万年寺にしてはいかがであろうか。貴公は近く昇進されるそうじゃな。将軍様の覚えがめでたくて結構なことだ。江戸のお城はどこを見ても紀州出の者ばかりだのう。拙者は江戸表に出向く用事がある。これにて失礼する」

郡代は脈絡もないまま話題を変え、素っ気なく語ると居間からあわただしく出て行った。弥惣兵衛は呆然としたまま、その後ろ姿を見守った。そして太左衛門に声を掛け館を出た。

「井澤様と伊奈様では三〇歳ほども井澤様の方が年上ですが、話しぶりだけからしますと、井澤様の方が若いようにも思えました」

太左衛門が後ろから語りかけた。

*

弥惣兵衛一行は西福寺を回って木曾呂村へと道を急いだ。日光への御成街道が南北に走っているのを越えて約半里（二キロほど）歩くと雑木林が尽きて、空が広がってきた。弓なりに曲がった一本の堰堤（えんてい）（堤防）が延びていた。

「これですね。お目当ての八丁堤は」

保田太左衛門が声を上げげて弥惣兵衛に語りかけた。

「間違いない。いずれ取り崩すしかないだろう」

弥惣兵衛は相づちを打ちながら視線を見沼溜井の湖面に向けた。（今日の八丁堤は、附島から木曾呂の間九〇〇メートル、その上を赤山街道が走っている。幅五〇～七〇メートル、高さ二～三メートルである）。次いで下流側に視線を移した。刈り入れが終わったばかりの田圃が川口、鳩ヶ谷方面に広がっていた。大嵐の被害はなかったようである。用水路にも水が走っていない。太左衛門は小者を使って用水路の断面を計り、束ねた和紙に筆で書き留めた。一行は堤上をゆっくり歩いて、その長さを測り西縁に出た。大間木村のこの辺りに、西縁用水の圦樋があり、竹矢来に囲われているのは東縁と同じであった。見守小屋があるのも同じで、小屋から出てきた中年の小作りな男は、大牧村名主から見守役を命じられ三反歩があてがわれていると話した。

「氷川女体神社にはどう行けばよいか」

見性院墓

見性院像(中野蒼穹筆)

太左衛門が男に質した。

「西縁を北に進めば、お宮様に出ます。あんた達はお役人さんたちかね。お言葉からすると江戸のお侍ではないようだね」

男は問い返した。この質問には誰も応じなかった。歩き始めて間もなく、天台宗清泰寺に立ち寄った。そこには見性院の墓碑があった。見性院は甲斐国（現山梨県）の武将武田信玄の息女で、会津藩主となった保科正之（三代将軍家光の異母弟、四代将軍家綱の補佐役）を養育した女傑として知られる。寺を去って北に進むと、巨木の鬱蒼と茂った森が見えてきた。そこが目指す氷川女体神社だった。神社の境内近くまで見沼溜井が伸びている。弥惣兵衛は拝殿で見沼溜井干拓の成功を祈願した。秋の日は西に傾き出している。

一行は神社の宮司に願い出て舟を一隻借り対岸に向かった。湖水の水位はかなり低下して水底が見える。数か所でおもりの付いた糸を垂れ水深を測った。陸に上がって御鷹場を通り抜け、加田屋新田の跡地に出て道を左にとった。片柳の村中に入ると柿の実が目に付いた。渋柿の鈴なりである。ここは赤山渋と呼ばれる柿渋の産地なのである。柿の木が赤く彩っている高台の林の南端、見沼溜井の岸辺近くに万年寺(ばんねんじ)があった。同寺に一泊した。この夜、弥惣兵衛は万年寺住職から見沼溜井にまつわる話を聞いた。

*

翌朝早く、一行は万年寺を辞して平田舟で見沼溜井の湖面を渡って氷川神社へ参拝した。見沼開発の見分・水盛りが予定どおり進むよう「神の加護」を祈った。「見沼」は「三沼」のほかに「御沼」、「神沼」の字も当てられている。見沼と氷川神社の神々は深いかかわりがある。弥惣兵衛は湖面を見つめて敬虔(けいけん)な気持ちになった。

神社をあとにした一行は再び湖岸へ降りた。湖尻がどの辺りまで来ているかを確認した。

太左衛門は歩を進めながら弥惣兵衛に語りかけた。彼は、元禄一四年（一七〇一）に見沼溜井周辺の村々から出された「見沼に代わる用水願」を万年寺住職から教えられた。歩きながら「願書」の骨子を弥惣兵衛に説明した。「願書」は訴える。①見沼の水源が確実ではなく、水下では水不足となっている。②元荒川、星川の合流点から下流では、流域に水害が多くて難儀している。③騎西(きさい)領上崎村（現騎西町上崎）では、星川の下流で水不足となり、上流で水害となるなど一つの村ですら事情

忍城（現在、行田市）

が異なっている。④荒川を五丁台（現桶川市五丁台）付近で締め切って用水路を二本設け、見沼の両岸を流して、溜井を干拓してもらいたい。⑤星川の水が不足するときには利根川から取り入れてもらいたい。

一五年ほど前の「願書」は弥惣兵衛を驚かせると同時に喜ばせた。農民たちが新しい用水源を利根川や荒川に求めようとしていることがわかったからである。それは弥惣兵衛の構想と軌を一にしたものだった。

その後一行は大宮宿に出たが、ここで弥惣兵衛と太左衛門は用意させておいた栗毛馬に乗り鴻巣宿へと北上した。見沼溜井を離れてからは、足を使って現地調査する必要がなくなったのである。鴻巣宿では勝願寺に出向いた。伊奈家初代忠次と三代忠治の墓前で香を焚き瞑目合掌した。門前まで戻ると、小者が二頭の馬の手綱を持って待っていた。次の目的地は利根川べりの忍藩（一〇万石）城下である。弥惣兵衛と太左衛門は再び手綱をとると宿場から北東方向がよく展望できる場所に行くよう命じた。馬上なので遠方まで見渡せた。何よりも驚いたのは、沼が鏡のように光って点在していることだった。小針沼、屈巣沼、小林前沼、小林後沼、六郷沼、弥勒沼、宝慶寺沼、河原井沼、原市沼、瓦葺沼、岡泉沼、逆井沼、黒浜沼、黒沼、谷原沼……。沼と沼の間を進んでいるようなものであった。この夜は忍藩城下の脇本陣の屋敷に泊まることになった。翌日は利根川の取水口（圦樋）と水路の堀筋を探るのである。

＊

利根川べりに垂れ籠めた乳白色の朝霧は明るみを増した。しだいに視界が広がってきた。墨絵のような静寂の中を、弥惣兵衛と太左衛門は用水路をどこに通し、圦樋を利根川堤防のどこに掘ったらいいか、適地を探すため右岸に駒を立てた。その後、二人は城下を巡って流れる忍川を越えて北に向かい、星川を渡って再び利根川右岸に出た。そこは酒巻という忍城下から真北に一里半（約六キロ）の地点にある河岸であった。上手に福川という小流が合流している。利根川の河道は一里半ほど上流の妻沼（めぬま）から南東方向にほぼ直流し、酒巻から下流の下中条の間では緩やかに曲線を描き、ここからやや北に向かうようにして須加、川俣へと流れ下る。二人は酒巻から右岸を下流に向かった。朝霧は帷（とばり）を開くように消えていた。上流には元圦を伏せ込める適地はなかった。下流は水心が右岸寄りに流れている。洲は左岸側に多く見られた。

「ここだ。ここ以外にない」

弥惣兵衛は下中条まで来たとき、閃（ひらめ）きが身中を駆け巡るのを覚え大声を上げた。栗毛馬から飛び降りると堤防の一角を指差した。後ろに付いて来た太左衛門も下馬して駆け寄った。

「どうなさいましたか」

弥惣兵衛は問いかける太左衛門に笑みをたたえた顔を向けて大きくうなずいた。太左衛門は弥

元圦の祠と記念碑（現在、行田市）

元圦史跡（利根川右岸）

惣兵衛の言わんとすることを全て理解した。
二人は馬に乗ると周囲を眺め廻したあとで進路を南に向けた。星川の川面が長刀（なぎなた）のように光って見えた。
「太左衛門殿、水盛りをしっかり頼みますぞ」
弥惣兵衛はしわがれた声を張り上げた。二人は再び土地の高低や水路の方向や本数などに目を配りながら南下を続けた。半里（二キロ）ほど進んだところで、川に突き当たった。西から（右手から）流れてきて、南に向きを変えている。

「これが我々にとって大切な星川だな。水量がこの季節にしては思っていた以上に多いようだ」

弥惣兵衛が確認するように太左衛門に声をかけた。

「星川は荒川の水なので豊かであると、昨夜陣屋で聞きました」

太左衛門が応じた。二人は川沿いに馬を進めながら周辺の地形に目を配り、時には馬を並べて鞭で指し合いながら話し合った。やがてまた、一つの流れがあった。忍川であった。利根川右岸の下中条から二里半ほど離れていた。

「この川も思った以上に曲がりくねっていますね」

太左衛門が語りかけた。

「従って流れもゆるやか、ということになる。これだと一寸下りぐらいであろう（勾配三〇〇〇分の一程度）」

「その程度かと思われます。時に井澤様、中食にいたしましょう。この先に茶屋がありそうです」

「昨日からの見分で、紀州生まれの拙者にもこの無限に広がる武蔵野の何たるかが十分に把握できた。やはり地方巧者は歩いて調べなければいかんな」

弥惣兵衛は現地調査の成果に満足し、筑波山から日光連山に視線をめぐらした。

第十章

見沼代用水の開発

——開削決水への道②試掘

政事向きは少しも依怙贔屓（えこひいき）致さず様片付けるべし。

「紀州政事草」（伝徳川吉宗筆）より

〈もののふの時――厳命と実行〉

幕府は、役人の出張に際し村々では以下の対応をするよう命じた。（現代語訳、意訳）。

「令達」（享保一一年〈一七二六〉八月発令）

一、役人止宿に際しては所に産出する食物で一汁一菜を守り、酒は出さず、馳走がましいことは避けること。

一、宿泊費用は御定の木銭（宿泊代）と米代を所相場で支払うこと、その他の費用は申出るべきこと。

一、役人宿泊等に理由付けて村人に用をかけることは厳禁とする。

一、役人宿泊については水風呂及び朝夕の仕度拵えに必要な雑役夫壱人のみを差出すこと。

一、役人から調達を命ぜられた場合は必ずその代価を受取ること。若し不埒なことがあったら井澤弥惣兵衛へ申出ること。

一、沼境を定め潰地を調べる場合は必ず正直に案内すること。

一、新しく堀筋になる土地に対しては、いかなる願いごとを申し出ても一切受付けないこと。

一、役人の取扱いに不審があったら一切井澤弥惣兵衛に申出ること。

一、役人に対し内証の頼みごとは一切しないこと、また贈り物は一切しないこと。

一、御普請や新田沼境等については願いがあれば直ちに井澤弥惣兵衛に申出ること。

右の箇条は最高責任者の勘定奉行筧播磨守正鋪（かけいはりまのかみまさつら）の命令であるから、必ず村中の百姓に読み聞かせおくこと。

御普請役（弥惣兵衛配下の土木技術者）
大谷久次郎
岡本善左衛門
保田太左衛門
直井伴六

（岡村家文書「見沼新田御開発御用書留帳」より）

「拙者がすべての責任を負う。それがもののふの意気地である」

弥惣兵衛は「令達」を読み上げたのち自身に聞かせるようにつぶやいた。

（見沼代用水土地改良区『見沼土地改良区史』、同『見沼代用水路の開疏と経営』、黒葛原祐「弥惣兵衛父子」、『埼玉県史』、海南市海南歴史民俗資料館「井澤弥惣兵衛」などを参考にする）。

＊

「井澤氏（うじ）、呼びつけて失礼したが、吉報である。貴殿は勘定吟味役格を仰せつかることになった。新恩給与として三〇〇俵の加禄とのことである。いずれも破格の待遇であり、めでたいことだ」

勘定奉行筧播磨守正鋪は声を張り上げて井澤弥惣兵衛に語りかけた。享保一〇年（一七二五）一一月二三日（今日の一二月末）夕刻、場所は神田駿河台の勘定奉行の屋敷である。

「貴殿が下総の飯沼にいるか、武蔵の見沼にいるか、所在がわからないとのことで、双方に飛脚を差し立てたしだいであった。飯沼開発の首尾も上々と聞く。見沼溜井干拓も用意周到と聞いている。貴殿の尽力は、御家老様から大樹様（将軍吉宗）に伝えられ、大樹様も大喜びなさって、勘定方から勘定組頭を飛び越えて勘定吟味役格に登用したとのことであった。貴殿も立派な公儀の旗本になったということじゃ」

勘定奉行は、配下の異例の昇進に満面の笑みをつくって語った。

「ありがたいことで御座ります。引き続き老骨に鞭をうち役目を全うする覚悟でございます」

弥惣兵衛は深々と頭を下げた。

「貴殿は老骨と言うが、拙者は貴殿より五つ年上の六八歳である。だが、若い者には負けない覚悟である。数日後に御沙汰があるはずだ。当日は大樹様直々にお言葉があるかも知れぬ。老中の松平乗邑（のりさと）様や水野忠之様も同席するかも知れぬ。このことも心しておかれたい」

享保一〇年ころの幕府老中は、就任の順に戸田忠真（宇都宮藩主、七万八〇〇〇石）、水野忠之（三河・岡崎藩主、六万石）、安藤信友（美濃加納藩主、六万五〇〇〇石）、松平乗邑（下総・佐倉藩主、六万石のちに七万石）、松平忠周（ただちか）（信州・上田藩主、五万八〇〇〇石）、大久保常春（下野・烏山（からすやま）藩主、二万石のちに三万石）の六人である。このうち将軍吉宗に信任がことのほか篤（あつ）かったのは松平乗邑と水野忠之で、その二人が陪席することの意義は重かった。

弥惣兵衛は見沼溜井の大干拓事業を前に勘定奉行に次ぐ勘定吟味役とほぼ同格の勘定吟味役格

に取り立てられて事業推進への最高職位を与えられた。（関東郡代と同格の地位であることに注目したい）。享保改革期において勘定吟味役が最も多かった時期は、享保一〇年一一月から一六年一〇月までの六人（井澤弥惣兵衛の勘定吟味役格も含む）である。役割を見てみると、五代将軍綱吉に仕えた神田館旧臣の細田家弥三郎時以（ときもち）と新興旗本の神谷武右衛門久敬は「納税」担当、神田館旧臣の杉岡弥太郎能連と同じ辻六郎左衛門守参が「訴訟」担当、三河武士の流れをくむ萩原源左衛門美雅が「国用（こくよう）（国の経費）」担当、勘定吟味役格の井澤弥惣兵衛為永が「新墾、荒蕪開耕」担当である。新参・新興旗本が六人中五人を占める。吉宗の人材登用である。享保一六年から彼ら吟味役から杉岡、細田の二人が勘定所の長官である勘定奉行に昇進した。（弥惣兵衛は多くの功績を残すが、激務の勘定奉行に昇進するには高齢になり過ぎていた）。

弥惣兵衛はこの年一一月に「御朱印」を持つことを許された。「御朱印」とは幕府高官を示す一種の〝公用証明書〟である。同時に相手方に対する命令書でもあった。弥惣兵衛が携帯していたのは以下のような書状である。

「
御朱印
人足六人馬五疋（ひき）、江戸より武蔵、上野、下野、上総、下総、常陸迄上下彼地に於て御用中幾度も之を出す可く（べ）、是は国々新田場見分・並（ならび）に御普請御用井澤弥惣兵衛遣（つかわ）され候に付而被下之者也（くだされのものなり）
享保十年十一月六日
右宿中
」

「新田御用書物長持壱棹江戸より武蔵、上野、下野、上総、下総、常陸迄御用中上下幾度も急度可持参者也

巳十一月十日

和泉守印㊞（勘定奉行の印）

右御朱印之写御証文之写差遣候可得其意候

以上

井澤弥惣兵衛㊞」

これら二通は日付が異なるが、組み合わせとなっている。

弥惣兵衛が飯沼や見沼などの新田開発現場の御用で出張する場合、行き先の宿場では人足六人と馬五匹を継ぎ立て（人馬の乗り換え）のため用意し、御用の帳簿類を入れた長持（大きな箱）一棹を、道中の上り下りや御用中は何度でも運ばなければならなかった。弥惣兵衛の方では二通（御朱印と御証文）の写を渡して証拠とした。

弥惣兵衛は飯沼、手賀沼、見沼などと各地を訪ねるにつけ、将軍吉宗の先見の明に感心した。それは日本絵図の作成である。現地調査する際これ以上役に立った地図はなかった。吉宗は享保二年（一七一七）に日本絵図の作成を下知した。古来より国土の地図と土地台帳を完備することは、国

家統治者の習わしであった。日本絵図は、全国の国絵図を集成して作成されたが、元禄時代の日本絵図のできがよくなかったため、吉宗は再編集を命じたのである。絵図の完成は、国土の実態把握と同時に、吉宗が全国統治者であることを広く認識させる役割を果たした。

＊

弥惣兵衛は昇進のお礼廻りを済ませると、栗毛馬にまたがり小者を連れて見沼溜井の現場に戻った。ところが師走（一二月）六日昼、彼は再び勘定奉行の屋敷に招集されることになった。見沼溜井水下（下流）八か領村々の名主・年寄たちが訴状を持参して勘定奉行筧の屋敷に押し掛けた。筧の用人から緊急連絡を受けて、弥惣兵衛は下谷長者町の私邸から駆けつけた。

見沼溜井水下八か領村々（二二一か村、計七万四〇〇〇石）の訴状は長文である。文面は大略次のような訴えであった。（現代語表記）。

「　恐れ乍ら書付を以て御訴訟申上げ候

武州足立郡見沼水下戸田領・浦和領・笹目領・安行領・谷古田領・舎人領・平柳領・淵江領、右八カ領村々の御領・私領・寺社領の百姓共申上げ候は、この度、見沼溜池の儀、御新田に開発御見分のため井澤弥惣兵衛（原文・弥三兵衛）様去る九月中御出張あそばされ候。これにより領々村々百姓共願上げ奉り候は、見沼用水掛かり方不足の年もこあり候。然る処に、溜池の内、町人御請負い申上げ新田に仰せ付けなされ候に付き、溜池の内築留め致し新田開発仕り候故に、溜池狭まり申し候。その上、溜池用水（囲水の誤記か）これあり候ては、新田の差障りに罷り成り候に付き、綾瀬川へ悪水を落とし申し候故、見沼水下渇水旱損致し難儀仕り候間、その段御訴訟申上げ候」

「後十八ヶ年（正しくは十七ヶ年）以前戌年、御吟味の上、右町人新田お潰し下され候故、用水沢山に罷り成り、大勢の百姓共相助かり、有り難く存じ奉り候処に、今度見沼溜池ご新田に仰せ付けられ、代用水利根川より仰せ付けられ候由に御座候得共、只今見沼用水沢山御座候ても、用水末の村々には届きかね迷惑仕り候処に、利根川より見沼溜井まで道法十六里（六四キロ）程これあり、見沼溜池より水下へ一里、二里あるいは三里程ずつ道法これあり、利根川より水下へ道法都合二十里余り御座候えば、なお以て水末村々御用水相届き申すまじくと恐れながら存じ奉り候」

「川水の儀は雨降り申し候節は用水沢山有るべく御座候えども、雨無きの節は河水も不足仕り殊更に道法大分相隔り申し候えば、是以て用水相届き申すまじく存じ奉り候。なおまた利根川通り河又（川俣、地名）用水の儀も瓦曽根溜池より水入り込みおり、水下十五万石程の用水に引取り申し候えども、照り続き申し節は川水不足仕り候に付き、用水届きかね申し候所に又ぞろ今度見沼溜池代用水水下村々へ弥以て相届き申すまじき様に恐れながら存じ奉り候」

「見沼溜池の儀は、養水（用水）引き込み申し候えば、秋中より春まで段々降雨の水又ぞろ見沼溜池廻り村々より悪水落し込み、囲い水に御座候えば、仮仕付の時分、雨これ無く候ても只今まで植付け相仕込み養水等も引き来たり、別て淵江領の儀は見沼用水末と申し、殊に近年御鷹野御場所にて九月三日まで田毎にサクリ（溝）を当て、荒川通り綾瀬川口水切り落とし申し候えば、畑同然に罷成候。弥以て淵江領村々の儀、難儀仕り候。見沼溜池、御新田に罷り成り候ては大勢の百姓難儀仕り候間、御慈悲を以て見沼溜池の儀、只今の通りお差し置き下され候わば、用水下領の村々の大小百姓ども相助かり、有難く存じ奉る可く候。

以上

享保十年

八ヶ領村々名主、年寄」

勘定奉行筧播磨守は居間で訴状に素早く目を走らせたのち、足音高く名主と年寄の前に姿を見せた。弥惣兵衛が後を追うようについた。

「今さら何を訴えたいと言うのだ。見沼溜井の開発は、御公儀の御定めになったことである。お鷹場がどうのこうのと理屈をこねているが、御公儀はそれらのことをお見通しになった上で決断された。今さら水上の者にも水下の者にも拙者は聞く耳を持たぬ。新田開発が幕府財政を救うのである。事後のことはここにおる井澤氏と話し合われよ」

勘定奉行は声を荒げて訴状を投げ捨てると、名主と年寄の前から姿を消した。そのあとを引きとるように、弥惣兵衛が立ち上がって話しかけた。

「いずれ拙者がお前たちと話し合う。本日は引きあげよ」

弥惣兵衛は、立ち去る名主らのあとを視線で追いながら、見沼に代わる用水の開発計画を明らかにして彼らの説得に努めるしか道は残されていないと考えた。

＊

享保一一年（一七二六）八月、見沼溜井の代用水路堀筋の水盛（測量）が始まることになった。それに先立って幕府普請役方から一通の書状（令達）が回状として見沼周辺の村々の名主と年寄に廻された。

「この度、見沼溜井その他、所々の小沼の新田開発並びに利根川からの新水路の御普請を仰せつけられた。現地測量（水盛御普請見積り、沼境・潰れ地改めなど）のため、御用役人を派遣するので村々に適宜宿泊することになった。ついては村々でも公儀役人（幕府役人）の止宿の際には、一汁一菜、有り合せのもの以外は酒肴（酒と酒のさかな）を出すことは勿論、すべて馳走がましきことはしないように」として具体的指令を発している。

関八州では最大規模となる見沼溜井の干拓事業が実現の方向に大きく傾き出した。弥惣兵衛は秋の一夜、工事を指揮する主要な役人を下谷長者町の屋敷に招いて酒の宴を催した。参集した顔ぶれは、保田太左衛門、岡本善左衛門、直井伴六、田村三右衛門、片桐忠蔵、それに飯沼干拓でも普請役を勤めている大谷久次郎、高橋儀右衛門、伊奈家の家臣・篠原丈右衛門、加えて紀州商人出の高田茂右衛門も姿を見せた。弥惣兵衛は、現場の世話をする用人・手代にも「遠慮なく参加せよ」と命じた。その中には、湯川新八郎、伴泰安之丞、川崎仁左衛門、鈴木文平（茂右衛門の実弟）などもいた。

弥惣兵衛は用人に命じて唐紙を取りはずさせ座敷を広げて部屋を明るくさせた。

「武州見沼溜井の開発を御公儀様から命じられた。酒宴に入る前に、この間の経緯を伝えておきたい。拙者は代用水の水路となる地域をくまなく歩き、工事の絵図面と仕様書を寛播磨守様に提出し説明申し上げた。筧様は満足であるとして、早速家老様に上申しましたところ水野様、松平様ともに結構である、よきにはからえとのことで、水野様は『急ぎ着手せよ』と仰せられたとのことである。本日、参集くださった各位とともに決意を新たにし、御普請が成功するまで互いに結束し、全力を傾けて終わりを全うしたい。秋から春にかけての短期決戦の仕事となるが、くれぐれも災いのないように注意されたい」

弥惣兵衛は用人に命じて壁に畳一畳分もある地図を掲げさせた。

「御普請の目論見（設計図）を説明申し上げる。御一同、お聞きなされ」

＊

「見沼溜井を干拓する代用水は、忍領の下中条に圦樋を設け、そこから利根川の水を引く。この水を新たに水路を掘って星川にのせる。途中の菖蒲（しょうぶ）領上大崎から新たに水路を掘る。上大崎には堰枠を二つ造るが、星川の堰枠は一六間（一間は約一・八メートル）で、また新水路の堰枠は半分の八間で考えている。新水路は足立郡南部領の瓦葺（かわらぶき）まで掘り進めるが、この間の柴山で元荒川に、また瓦葺で綾瀬川に行き当たる。この二か所を樋にするか、伏越（ふせこし）（河川の下を潜らせるサイホン工法）にするかは、再度測量をしてから決めたい。綾瀬川を越えた所で、水路を東西に分ける。見沼の東縁と西縁を回して八丁堤の所で、東西二本の水路にそれぞれ繋（つな）ぐことを考えている」

「拙者は昨年秋から一年間、駒を走らせて見沼の周辺から利根川の間を何度となく廻って見た。沼が多いのには驚いたが、その間を掘り割って行くのは楽ではない。注意して、同じことの繰り返

関東河絵図（部分）（野田市郷土博物館蔵）

しにならぬよう測量も設計施工も行っていただきたい。問題は柴山で元荒川、瓦葺で綾瀬川をどんな方法で渡るかだ。知恵を絞らなければならない。舟を使う場所もあるので、手際よく準備していただきたい。見沼溜井では芝川を悪水路に生かそうと考えている。実はこの悪水路と用水路を閘門（こうもん）を設けて水の高さを同じにして舟を通わせようと考えている。勾配をしっかり計らねばならない。いずれにせよ、普請役が心を合わせて取り組んで下さることが工事完成の最大の近道である。拙者もない知恵を絞って取り組む覚悟である。互いに助け合って、この大事業を成就させたい。これが拙者の大悲願である。よろしくお願いする」

　静まり返っていた席から拍手がはじけるように湧きあがった。そこへ勘定組頭の小出加兵衛と八木清五郎が訪ねてきた。それを機に、旗揚げにも似た前祝の酒宴が始まった。

＊

享保一一年（一七二六）八月末（旧暦）、現地測量が始まった。測量には紀州の大畑才蔵が考案した水盛器がどこの丁場（現場）でもさかんに使用された。測量の総指揮を執るのは保田太左衛門で、測量は大気の静まっている早朝から行われたが、太左衛門は水盛器が朝から夕刻までいつでも使用できることがわかり改めて画期的な発明であることを実感した。測量作業は利根川右岸から見沼溜井の八丁堤まで六人が一組になって行われた。紀州流のお家芸を発揮する時であった。「御用」の旗が立った測量の現場では、どこでも村人が人垣をつくった。精密な測量調査の結果、星川に合流する辺りでは一丈八尺（約五・五メートル）低いことがわかった。太左衛門が丁場を離れて小屋に戻り測量の結果を野帳に筆で記していると、二人の中年の農民が訪ねてきた。重兵衛と太兵衛と名乗った。日焼けした二人は先の見分（現地踏査）で道案内をしてくれた土地の男たちであった。

「お武家さま、御久し振りです。今度もお手伝いすることがあれば言い付けてください」

年上と見られる重兵衛が声をかけてきた。

「以前は大変世話になった。今回もお願いすることが多いと思う。よろしく頼むぞ」

太左衛門は筆を止めて二人を歓迎した。

「ちょっと相談したいことがあります」

太兵衛が声をひそめて語りかけた。

太左衛門は、その夜行燈の炎をたよりに江戸の弥惣兵衛宛に書状をしたためた。それは次のような内容であった。

「忍領の下中条の利根川元圦の吐口直下の農家は、屋敷五畝二三歩（約五・八アール）が屋敷も含めて潰れることになる。屋敷のほかにも上畑一段二畝（一二アール）のうち一段が潰れて二畝（二アール）しか残らない。屋敷が川敷にとられてしまうのはこの農家だけである。実はこの農家の主人は太兵衛と申して先の下調べの際に道案内などをしてくれた者である。もう一人の重兵衛も顔を見せた。顔見知り名だけに不憫でならない。どう対処したらいいかご指示をいただきたい」

これに対して弥惣兵衛はさっそく返事を書いた。

「拙者が現地に出向いて直接話をする。代替地を考えたい。同時に忍藩の用人にも会って見沼新用水筋御普請の大筋を話しておく所存である。貴殿はこの件で動く必要はない」

第十一章

見沼代用水の開発

――開削決水への道③着工

政事は至って重き事故、其の節其の節行当りの料簡に及び兼ね候はば、
宜き者一両輩（やから）異見承るべき事なり。

「紀州政事草」（伝徳川吉宗筆）より

〈もののふの時――凱風快晴〉

享保一二年（一七二七）六月二五日（今日の八月一二日）、幕府は勘定奉行と勘定吟味役に対し、所管事務に関する「示達」を行った。老中水野忠之が勘定奉行と勘定吟味役を招集して指示した。『徳川実紀』は記す（現代語表記）。

「今日、勘定奉行の仰せ下されしは、公料の租税、近ごろ多くは定免（課税法の一種）となりしが、その期年過ぎ、査検ゆるみなばその詮（効果）なかるべし。近年は代官に雑費料をもたまわれば、心を付くべし。よって勘定奉行、吟味役よく査検をなし、吟味役のうち、おのおの司る事を分たれ、納税のことは神谷武右衛門久敬、細田弥三郎時以。国用のことは萩原源左衛門美雅。訴訟のことは杉岡弥太郎能連、辻六郎左衛門守参。新墾ならびに荒蕪開耕のことは井澤弥惣兵衛為永受け給わり、なお久敬、時以にはかるべし」

六人の吟味役の役割分担が正式に決まった。六三歳の弥惣兵衛は、これまでと変更はなく新田開発・荒地開墾の担当であった。重責の職務が再確認されたのである。文末の「なお久敬、時以にはかるべし」とは両者とよく協議せよとの意味である。租税（年貢）確保と新田開発とが享保改革の柱・財政改革の大目標である。拝命の儀式が終わり、弥惣兵衛は最後に座を立って勘定奉行や吟味役のあとに従った。真夏の昼前ではあったが、涼しい緑の風が廊下を吹き抜けていた。勘定奉行筧播磨守が神谷と立ち話をしたあと振り返り弥惣兵衛を呼び止めた。

「弥惣兵衛氏、見沼開発の目論見と目下の進み具合について、拙者らも把握しておきたい。ついてはこの直後に説明してくださらぬか」

「嬉しい責務です。御説明いたします」

弥惣兵衛は、良い機会が得られたとばかりに声を弾ませた。勘定所に戻ると、弥惣兵衛は配下の者の手を借りて準備に取りかかった。畳の上に大判の和紙が広げられた。硯（すずり）と筆がそろい、朱筆まで用意された。勘定奉行と勘定吟味役に加え勘定方までほぼ全員が残って、見沼開発の全体計画と進捗状況を聞くこととなった。

弥惣兵衛は筆を手にして紙面を見つめた。紙面を横長にして、左端に黒々と線を引き、右端にも同じような線を引いた。

「それでは説明に入ります。左の線を利根川、つまり方角は北であり、右の線を荒川、方角は南と考えていただきたい。見沼溜井干拓は、利根川から荒川まで約二〇里（約八〇キロ）に水を引いて、従来の見沼溜井を干拓する代わりの用水を確保しようという目論見であります。開削工事は利根川方面と江戸川方面の上下流から同時に進行します。大きな普請と致しましては……」

弥惣兵衛は額を流れる汗を指先でぬぐいながら声を張り上げた。すべての土地や風景が脳裏に刻まれていた。見沼溜井の悪水路開削などの具体的な作業の説明に入るとその壮大な事業がはっきりと目に見えるように思われ、最高指揮者の重責とそれを陣頭指揮する喜びを実感するのだった。

（見沼代用水土地改良区『見沼土地改良区史』、黒葛原祐「弥惣兵衛父子」、『徳川実紀』、『埼玉県史』、『埼玉叢書』、海南市海南歴史民俗資料館「井澤弥惣兵衛」などを参考にする）。

＊

享保一一年（一七二六）一〇月末の夜、弥惣兵衛は妻と長男楠之丞正房を書斎に呼んだ。朝から吹き荒れた木枯らしは夜に入って止んだ。行燈の炎が部屋の四方を照らし出す。（妻は後妻で池部氏から嫁いだが、氏名・年齢などは不明である）。正房は一五歳で、年が明ければ元服をする予定である。正房の下に弟妹が一人ずつあった。

「武州足立郡見沼溜井で大きな御普請が始まることになり、その奉行役をお上から仰せつかった。明日いよいよ出発となる。見沼溜井は江戸表からそれほど遠方ではないし、御勘定所への御用もたびたびあるものとは思うが、その都度帰宅したり立寄ることは出来ない。消息は江戸との飛脚便があるので出来る限り遣わすようにするが、拙者の留守中はしっかり家を守ってもらいたい」

「正房に伝える。貴公は元服も間近だ。母や弟妹を大切にして欲しい。出来れば拙者と同じ勘定所に勤務する巧者（技術者）になってもらいたい。それには武芸だけでなく学問にも励むようにせよ」

妻と長男は頭を深く下げるとそのまま書斎から出て行った。翌朝、弥惣兵衛は愛馬にまたがり供の者を従えて見沼に向かった。弥惣兵衛の配下にある湯川新八郎は見沼廻りの名主宛に書状を出した（現代語表記）。

「井澤弥惣兵衛明後朔日（享保一二年一一月一日）大門町（現さいたま市、江戸時代には日光御成街道沿いの宿駅）出立、見沼見分その村に止宿のはずに候。宿用意これある可く候。御普請役人寄合う可く御用の趣き相違せられ候に付き、座敷、次の間広く入り候間、社人宮内宅相障る事これ無く、苦しからざる儀に候わば相談候様相極め申す可く候。

御普請役人中上下一四人程宿用意これ有る可く候。これは別宿なりとも又は弥惣兵衛宿広く候わば一所なりとも勝手次第に用意致さるべく候。

弥惣兵衛以下上下八人程に候。この書付相返さるべく候　以上。

一〇月二九日

井澤弥惣兵衛内　湯川新八郎　」（岡村家文書）

＊

一一月一日、朝は霜が降りた。田畑が白銀色に光った。東縁の大門宿まで来た弥惣兵衛一行を迎える屋形船三隻が三室村の氷川女体神社から対岸に向かった。迎えの船には普請役とその部下が乗っていた。普請役（今日でいえば政府技術官僚）は保田太左衛門、大谷久次郎、岡本善左衛門、直井伴六、田村三右衛門の五人である。弥惣兵衛は普請役らと同船して水位の下がった溜井を水上からすみずみまで見分して回った。三隻はまず宮前沼岸から東縁沿いに大崎、辻と北上して、廃田となっていた加田屋新田の辺りをとくに念入りに見分した。舳先を返して、片柳村の万年寺を右手に見ながら、見沼溜井の最も広い湖面を西方向に進んで、山村、西山村、新井村を廻り、大和田方面へ北上して沼尻の北端まで乗り入れた。その後、さらに船首を返して西縁沿いに土呂、木崎、三室と漕ぎ下った。その間、弥惣兵衛は何度も水深を測らせた。この作業には時間を要した。宮本、氷川女体神社の船着場に着岸したときには冬の日は西空を冷たく茜（あかね）色（いろ）に染めていた。

この夜食事のあと、見沼溜井干拓工事についての会議が氷川女体神社神主・武笠宮内の邸宅を借りて開かれた。集まった普請役が絵図面を囲むように座を占めている。下役はその周りを取り囲んでいる。部屋の四隅に燭台が立てられ、片隅には漆塗りの長持が置かれてある。工事関係の書類や図面が入っている。弥惣兵衛は「基本方針を伝えておきたい」として語り出した。

氷川女体神社（さいたま市緑区）

「御普請は短日月で完成させたい。新たな水路を掘る際には上田・上畑（肥えた田畑）を潰さないように注意されたい。御普請は見沼の干拓が目当てであるが、散在している池や沼も同時に干拓するつもりである。したがって干拓の用水量は相当なものになろう。それだけに堅固な水路を掘って行きたい。将来は水運の便も考えている。今回の水盛り（現地測量）は拙者の期待どおりの結果のようで満足している。拙者は御覧のとおり老骨ではござるが、脚も目も衰えてはいない。おのおの方ともども大樹様（将軍吉宗）への忠勤を無二のものと致すべく、この新田開発を成功させたい所存である」

翌朝、普請役とその配下の黒鍬者（幕府抱えの土木作業員）はそれぞれの持ち場に散った。細密な水盛りを基礎にして、利根川から荒川に及ぶ新堀開削予定地で縄張りや杭打ちが始まった。現場では、「御用」と書かれた旗が林立し、男たちが鍬を振るい掛矢（大きな槌）で杭を打った。男や女たちが天秤棒をさげたモッコで掘削した土を運んだ。晩秋から冬にかけて小春日和が続き作業は大きく前進した。弥惣兵衛はその間太左衛門と連れ立って作業現場の視察を続けた。師走も半ば過ぎて御用納めとなり江戸・下谷長者町の邸宅に帰った。

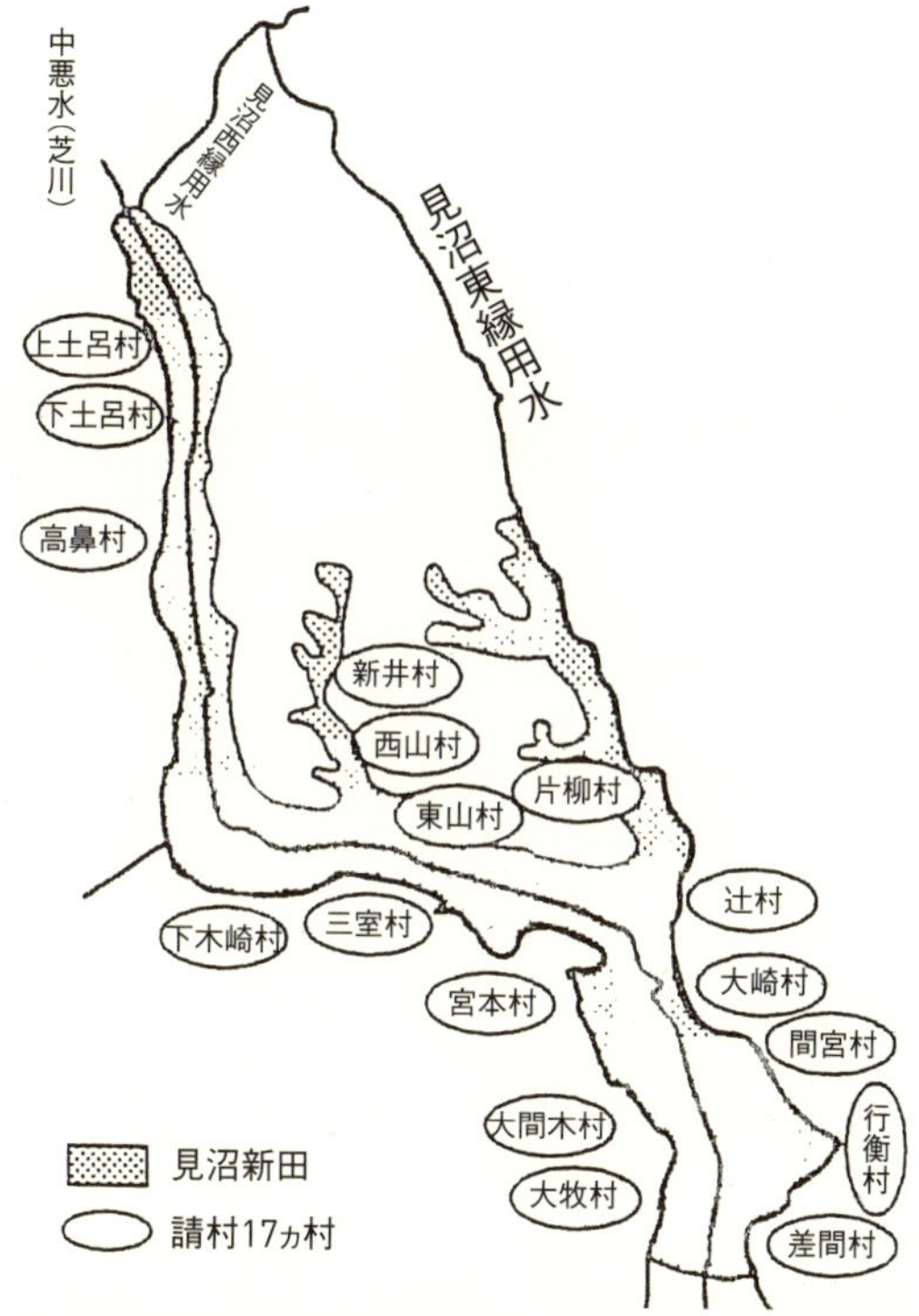

見沼新田の分布（『新編埼玉県史通史編4』）

＊

享保一二年（一七二七）の年が明けた。江戸の町から西に雪を頂いた富士の霊峰が、

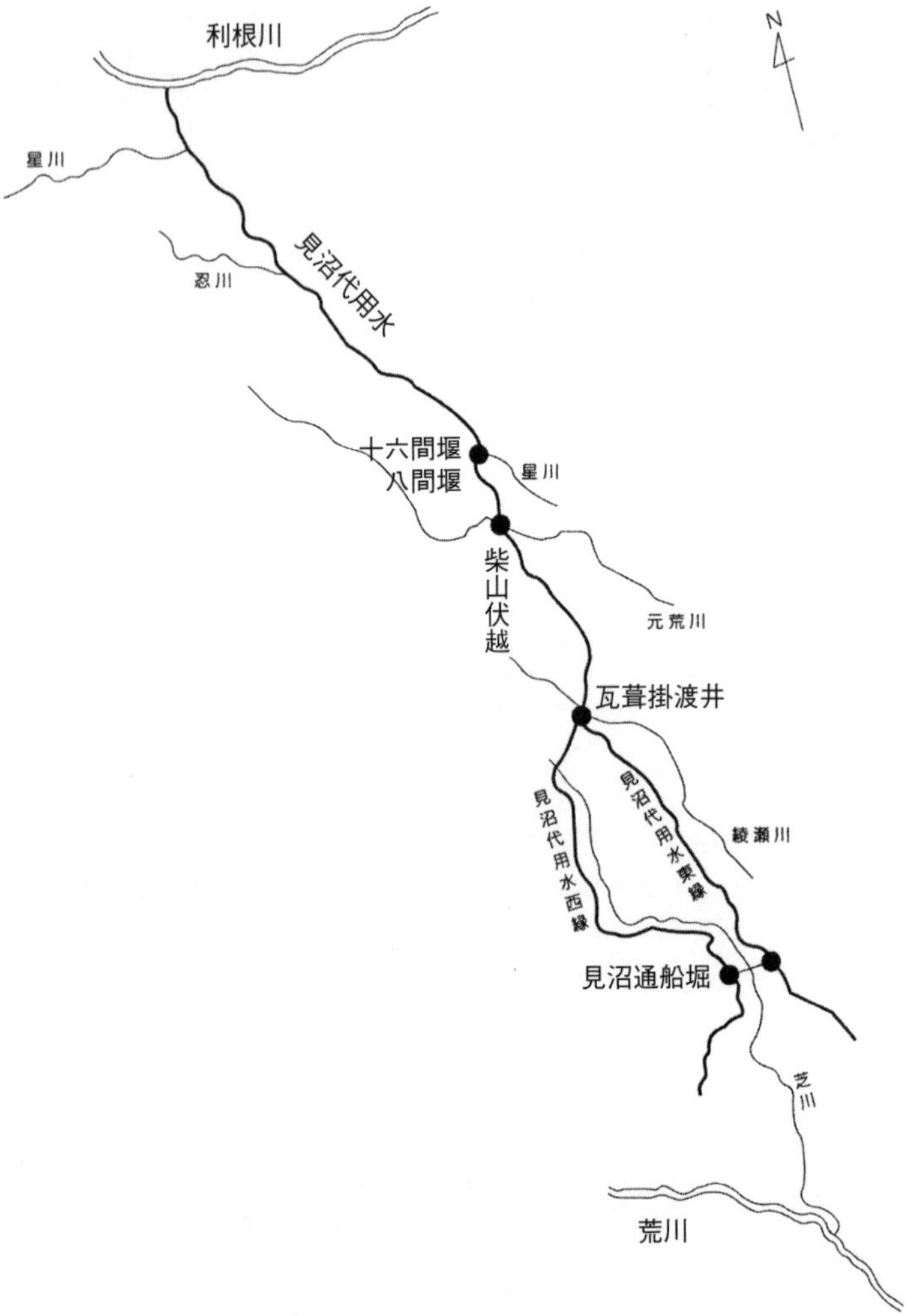
利根川
N
星川
見沼代用水
忍川
十六間堰
八間堰
星川
柴山伏越
元荒川
瓦葺掛渡井
見沼代用水西縁
見沼代用水東縁
綾瀬川
見沼通船堀
芝川
荒川

見沼代用水の流れ

また北東に黒牛が臥せたような筑波の秀峰が見えた。この年、弥惣兵衛は六四歳になる。彼は新年の祝も簡素に済ませて見沼の工事現場に出向いた。新田開発に全身全霊を傾けている弥惣兵衛の立居振舞を見るにつけ、太左衛門ら普請役たちも立ち止まっていることができず測量を本格化させた。「あやまちは許されない」。彼らは自身に言い聞かせた。

　町人にも新田開発を請負わせるとの風聞を耳にした江戸の商人たちも動き出した。彼らは享保年間より以前に見沼溜井の干拓を願い出ていた。猿島屋長五郎、越後屋半蔵、最上屋助七（史料によっては野上屋助七）の三人である。見沼周囲の名主たちも、普請奉行の現場事務所の榜示杭や普請役の宿所の看板が立てられたのを目にして新田開発に動き出した。沼廻り三二か村のうち一七か村の名主たちである。辻村の喜四郎、大崎村の弥兵衛、行衛村の源七、片柳村の七郎右衛門、東山村の伝右衛門、西山村の彦左衛門、差間村の伊右衛門、間宮村の七郎左衛門、大牧村の杢左衛門、新染谷村の九兵衛、上土呂村の孫三郎、三室村の重兵衛、宮本村の新右衛門、下木崎村の彦兵衛、大宮社領の吉兵衛、さらに大間木村からは武笠一和が百姓一五人の惣代として参加した。沼廻り村々の名主は、①干拓事業を村請負で行いたいこと、②開発された新田は村々で取得できることの二点を弥惣兵衛に願い出た。弥惣兵衛はこれを認めた。

　六月下旬、幕府から見沼溜井の現場にいた弥惣兵衛に書状が届いた。「来たる六月二五日、辰の刻（午前八時ころ）までに御登城ありたし」との呼び出し状であった。六人の吟味役の役割分担が正式に伝えられた。弥惣兵衛は、これまでと変更はなく新田開発・荒地開墾の担当であった。勘定奉行筧播磨守は弥惣兵衛に見沼開発の目論見と目下の普請の進み具合について改めて説明を求めた。勘定所では、勘定奉行と勘定吟味役に加え勘定方までほぼ全員がそろって、見沼開発の全体計画と進捗状況を聞くこととなった。

＊

「大きな普請と致しましては、まず用水路を掘り、見沼溜井の下流部を流れている芝川を悪水路とし、溜井を干して水田を設けます。江戸町人から町人請負の願いが出されております。見沼溜井村廻り一七か村も普請の村請（むらうけ）を願い出ておりますので、それぞれの丁場を受け持たせます。騎西領と忍領には過去からの水争いのしこりもあり、これを解決しなければなりません」

「最重要案件であります新井（新水路）をどこに掘るかについて説明します。数字がたびたび出てきますがご容赦ください。忍領の下中条（現行田市）に元圦を設置し利根川の水を引きます。場合によっては別にもう一つの圦樋を設けることも考えています。元圦は、堤の下を穿（うが）って床座を平地から一八尺（約五・五メートル）を掘った所とするつもりです。そこに長さ二四間（一間は約一・八メートル）、内法（うちのり）横二間、高さ五尺（約一・六メートル）の樋管を伏せ込みます。これは江戸から腕に覚えのある大工を呼んで造らせます。また呑口には、利根川からの砂が流れ込むのを防ぐために石枠一二組、中枠七組を入れることにしています。吐口から二二間下がった所に、元圦の樋管に万一のことがあった場合に備えて、用水溜関（堰）を長さ四間、横六間、高さ一丈（約三・三メートル）にして設ける積もりです。この吐口からの二二間の掘割は川床を一二間、上口を一四間とし、両側に一割二分法の土堤を築きます」

「この用水溜関枠から一〇〇間余り南に向けて掘りますと、西から流れてくる北河原用水に突き当ります。ここは伏越（サイホン）を考えています。さらに南に向け五七〇間掘ると、北河原用水の分流がありますので、ここも伏越で潜ります。さらに西から流れてくる星川が向きを南に変えて流れるのに出会います。元圦からここまで一三五七間です。この間の勾配は三〇間に三寸下がりの緩やかなものにしました。以下一万五〇〇間ほどを星川の水に乗せることにしています。星川はこの間に忍川の水も合わせます。それまでの一二間幅の川床を一六間幅に広げます」

「ここまで南下してきた星川が、向きを東南に変えます。そこは大山村上大崎地先ですが、新水路の水を星川に乗せるのはここまでで、あとは新水路を再度掘る計画です。この星川と分かれる所に堰枠を二つ造ります。星川の方は横一六間、新水路の方は横八間の堰をそれぞれ造ります。この八間堰から再び水路を騎西領の柴山村へ向かって約一八〇〇間ほど掘ります。この間は赤土の所が多く、土は固くて水路には向いているのですが、地盤が低いので余り深く掘ることは出来ません」

「そのあと元荒川の左岸に達します。ここは柴山村と岩槻領上平野村の入会地になっていますが、ここで元荒川の流れが曲がっています。元荒川が梅雨時にどんな流れをするのか、秋の暴風雨には氾濫するのか、察しがつきません。拙者としては最も苦心した場所の一つであります。地元の古老の話も聞き、洪水や氾濫の跡も訪ねて、元荒川の瀬替え（流路変更）を決断したのです。北から流れてきて急に東に向きを変える元荒川を、四〇間ほど南に下げて流すことにして、長さ一〇〇間余りの蛇行を直線の河道に変更しました」

「ところが、ここに厄介なことが起きました。元荒川の瀬替えを行いますと、その地にある曹洞宗の禅寺常福寺の境内敷地が新水路の川敷きになって水没することがわかりました。住持に事情を包み隠さず話したところ、住持は納得してくれて、川普請が終わった段階で元荒川の古川敷きを代地として提供することとし、土地の埋め立てや整地の人足賃として五両を合わせて遣わすことを約束しました。さらには新田の地代金が納まりましたら、その中から五両程度の寄付も公儀より致したいと考え、寛様にも申し上げているところです」

「この元荒川の渡し方をどうするか。普請方の意見も分かれました。まずは伏越と掛渡井(かけとい)（川をまたぐ水路）の両方で渡すことにしました。伏越は長さ二六間、横一丈四尺、高さ四尺（四六・八メートル×四・二メートル×一・二メートル）のものを、平地より一丈八尺（五・五メートル）掘り下げた所に築き、浮き上がるのを防ぐため重り土橋を架け、その上手に長さ二六間、横の内法一丈三尺、高さ六尺の掘渡井を架けることにしています。二〇年後には掛け替えることになりましょうから、そのときに掛渡井のままでいいのか、伏越をもう一つ通すか、考えればいいのではと思います。掛渡井を架けることは将来の舟運のことも考えての上であります。伏越は平地よりも三尋(ひろ)（一尋は六尺）掘り下げますが、これは元荒川の瀬替えにからめて掘りますので、仮締切などの手間が省け、入念な普請ができるものと考えています」

「柴山で元荒川を渡ってから、新しい水路は南に向かって掘り進めます。この辺りまで来ますと、湿地や硬い地盤がありますので右岸に左岸にと堤防を築き、あるいは高台を削り、さらには綾瀬川に沿った低地では右岸側に二四五〇間の堤防を築くことになっています。このように、柴山で元荒川を渡ってからは、上尾宿瓦葺村地先で綾瀬川を渡るまでの六二〇〇間の長丁場は、拙者にとっても厄介な難所であります」

「新水路は綾瀬川を掛渡井で渡ることにしています。この掛渡井の長さは二四間、横八間、高さは六尺となります。これを渡って三〇間ほど行った所、瓦葺地内ですが、ここで水路を東西に分けます。見沼溜井を囲む形に東縁、西縁の二つの用水路を掘って、流末は今の東西二つの水路につなげます。八丁堤の所です。芝川は見沼溜井を干拓したあとの悪水路（排水路）にする積もりです。流末は川口で荒川に注ぎます」

＊

八月七日六つ半（午前七時過ぎ）、弥惣兵衛は供揃えして江戸を発ち見沼に向かった。一行は岩淵で荒川を渡り川口、根岸（現川口市前川）を経て、氷川女体神社のある宮本に到着した。秋の彼岸であった。翌日、沼廻り村々の名主宛に廻状が発せられた。

「今度武州見沼新田御普請御入用之板材木、別紙之通り入札、之を望む者は来る一七日迄に武州足立郡三室村井澤弥惣兵衛殿御旅宿迄持参致す可く候。同一八日札抜き申し候間、其の意を得らる可く候。且又隣村々之を望む者も有る哉、其の村々より申し通さる可く候。此の廻状留まり候村より御普請所詰め役人へ早々相返す可く候　以上。

未八月

御普請所役　保田太左衛門　直井伴六　」(別紙不明)

大工事の資材入札が始まったのである。続いて九日には先に沼廻り一七か村から出ていた工事請負と新田配分について説明会を片柳村で開くとの通達が出され、翌九月一一日一七か村の名主、組頭、百姓代が請負の証文を奉行(弥惣兵衛)宛に差し出した。一三日すべての丁場で一斉に鍬入れ式が行われ本格工事が始まった。弥惣兵衛は式を関係者のみの簡素なものとした。鍬入れの日にも通達が出された。着工前後のあわただしさがうかがえる。現場事務所として片柳村の万年寺を使った。

「此度新井ロ下中条村より新井筋(新用水路)通り、並びに見沼東西縁用水堀通りに掛かり候土橋切組手間入札に申付け候。之を望む者は来る一六日迄に片柳村迄罷り越し、切組仕様帳写しにて入札致す可く候。以上」

署名は普請役の片桐と直井の両名である。見沼代用水路に架ける土橋の入札の知らせである。土橋は一〇か所を超える。九月二〇日、関東郡代伊奈半左衛門の陣屋から沼廻りの村々に回状が出された。

回状は、急用である、と断った上で「見沼干拓の件で尋ねたいことがある。二二日昼時、木曾呂村名主宅まで足労願いたい」と伝えている。関東郡代伊奈忠逵は、弥惣兵衛ら紀州流の工法により、伊奈家の伝統工法が否定されたことに対する怒りを伝え、積極協力は慎めと名主たちに命じた。

名主たちは聞くに止めるとの姿勢を示した。

江戸からは、鍛治屋、番匠（ばんじょう）（大工）、連雀（れんじゃく）（ひもを使う現場職人）、鋳物師、研屋などが続々と現地入りを始めた。

一〇月初め、弥惣兵衛は普請役全員を片柳村の万年寺に集め厳命を下した。

「新井筋と溜井の悪水路及び土橋、小さい伏越、圦樋などは年内一一月二〇日までに工事を成就せよ。元圦、八間堰・十六間堰、柴山伏越・掛渡井、瓦葺の掛渡井の設営それに八丁堤の破壊と通水はいずれも難所であるが、遅くとも来春までに完成させよ」

弥惣兵衛はその理由を伝えた。

「来春までに利根川の水を東西の用水路に流さないと、見沼溜井水下（下流）の村々は餓えてしまう。二年前、水下八か領の名主たちの願いを預かりの形にして始めたのがこの御普請である。もし失敗に終わったと彼らが知ったら一大一揆が起こるであろう。拙者が責任を取り命を絶つのは簡単だが、御所様（将軍）の失敗になりかねない。皆も承知のように、来年四月、御所様は日光社参を予定している。すぐ側の御成道を通過される際、見沼新田開発が計画通り竣工したことをご覧いただきたいのだ。それこそ本望ではないかね」

「それにしても今日の富士山は裾野までくっきりと見えて美しかった。日本一の山を見ながら仕事ができることは本当に幸せだ」

第十二章

見沼代用水の開発

——開削決水への道④竣工

武士は大小ともに義と理と法と此の三つを常々忘るべからずなり。

「紀州政事草」（伝徳川吉宗筆）より

〈もののふの時——普請役保田太左衛門の独白〉

「井澤様の手掛けた治水・利水事業や新田開発事業がなぜ成功したのか。なぜあれほどの短期間に工事を完成できるのか。その秘密を教えて欲しいとおっしゃるのですか。拙者は紀州藩時代から井澤様の配下で水利事業の指揮・監督に従事してきましたから、井澤様のことは公私共に他の方以上によく存じ上げています。見沼溜井干拓と代用水路開削には井澤様の手法がよく表われています。まず計画の作成前に現場をくまなく歩かれることです。部下任せにはしません。還暦を過ぎてはいましたが、脚の衰えは微塵も感じられませんでした。ご自分で歩いて地形や地質それに川の流れや洪水の跡を調べ、また地元の住民によく質問をします。そして知り得たことはこまめに野帳に記します」

「現地踏査した後は水盛り（水準測量）に入りますが、この際も極力現場で立ち会います。測量は早朝から始めることが多いのですが、御自分でも水盛器を使って測量することも珍しくありません。測量での手抜きは絶対に許されません。声を張り上げて結果を伝えよ、とよく言われます。測量の結果は、直ちに野帳に記されます。勾配や断面図などが正確かどうかが、その後の工事の成否を決めるのです。見沼溜井新田開発の測量は利根川の元圦（もといり）から川口の荒川落合からの二手に分かれて行われました。二つの方向からの測量が出会った地点で水路が結合されますが、その地点でわずかに二寸（約六センチ）の誤差しかなかったことは驚くべきことであり、井澤様の測量の精密さがはっきりとうかがえます」

「工事は丁場を多く区切って同時に進めます。人海作戦となりますが、作業を早く正確に行うにはこの手法が最もいいようです。仕様帳と異なる個所や手抜き工事が見つかれば直ちにやり直しです。場合によっては人足の賃金を支払わない場合もあります。部下を処分することもあります。この点では予断は許されません。ですが汗を流した農民らをねぎらうことも忘れませんでした。見沼溜井新田開発の工費は総計で二万両（一両は約一〇万円）にも上りましたが、関東のほぼ中央部に一一七五町歩もの新田が生まれました。後世に残る一大農業土木事業であると言っても過言ではないでしょう。幕府の財政立て直しに大きく寄与したことは言うまでもありません。その精華を誇りたいと考えます」

（見沼代用水土地改良区『見沼土地改良区史』、『徳川実紀』、『埼玉県史』、海南市海南歴史民俗資料館「井澤弥惣兵衛」などを参考にする）。

＊

享保一二年（一七二七）九月から開始された見沼溜井の干拓・新田開発と代用水の水路開削は、水路の新掘削や樋管・橋の築造はすべて村請負で行われ、工事用材（挽立材（ひきたてざい）は官木、丸太材は請負入札による買い上げ品の交付）と鉄物類は別途に供給された。二か月後の同年一一月を完成目標として工事は開始された。工事は流域の村々によって丁場を区切って分担され、各丁場内で伏し込む樋堰は、江戸職人によって別途に作製された完成品を舟で運んで来て伏し込んだ。「三室村文書、享保一二年」によれば「出来方改めの時には仕様帳と異なる個所や粗末なところがあった時には、その場所の人足の賃金は支払われない。その上どんな処分を受けても一言も申し訳をしてはならない」(現代語意訳)とある。設計どおりになるように何度でも手直しさせられた。

困ったことは、越後屋など江戸の三人の町人が請負った干拓事業であった。請負面積は一〇〇町歩と決まっていたが、具体的な場所が決まらなかった。彼らはすでに資金を出しており、その一部は工事費に使われていた。弥惣兵衛は彼らの希望する場所に決めてやりたかったが、沼廻りの村々が「自分の村は自分で手掛ける」として場所の提供を渋った。そこで越後屋など三人のほかに見沼溜井の川魚を商って沼廻りとも関係の深い江戸商人鯉屋藤左衛門も参加し、のちに協議の結果鯉屋が一〇〇町歩を買い取った。また用水不足が原因で廃田になっていた加田屋新田は紀州出身の江戸商人加田屋(坂東助右衛門)が開発を願い出て復活することになった。

元圦築造の享保一二年秋から一三年春までに、八間堰・十六間堰・柴山伏越・瓦葺掛渡井の重要構造物が相次いで完成した。同時に排水路となる芝川の開削も終了した。

○ 八間堰・十六間堰は、用水の必要な時期に十六間堰を閉じ八間堰を開いて新水路に水を送って下流の灌漑に役立て、用水が不要の時には逆に八間堰を閉じ十六間堰を開き星川に放水して水量の調節を図った。

○ 柴山伏越は、享保一二年の新設当時水量を二分して伏越ともう一つの掛渡井があって通水するように造られた。見沼通船はこれを越えて利根川取水口まで渡航できる計画だった。だが掛渡井は耐久力が弱く、元荒川の洪水のたびに破壊された上に、元荒川の水流の障害にもなるので、宝暦一〇年（一七六〇）に廃止された。それ以降は、伏越が舟運の終着点となった。

八間堰・十六間堰分派点（現在）

見沼代用水路伏越樋（東京国立博物館蔵）

上瓦葺村懸渡井図。下を流れるのは綾瀬川（東京国立博物館蔵）

この伏越の近くにある常福寺の境内に井澤供養碑がある。正面中央に弥惣兵衛の戒名「崇岳院殿隆誉賢厳英翁居士」が彫られてあり、左右に「天下泰平、万民の快楽を祈る。武運長久、栄耀を扶桑（日本の異称）に保ち、家門繁昌、武勇を異朝に及ぼす」（読み下し文）と記されている。右側の面に願主、助力として「常福寺五世自円、惣役人・惣村百姓」と彫られている。建立は弥惣兵衛没後二九年の明和四年（一七六七）一〇月である。

○瓦葺掛渡井は、綾瀬川を越えて流れる。八間堰から瓦葺掛渡井間の水路約七〇〇〇間（約一二・六キロ）の工事は代用水路開削の中でも難工事であった。その理由は、八間堰までは星川の流路を利用して開削するので比較的容易であった。また見沼溜井からは、従来の用水路によって導水することが可能であるため、八間堰からいかに水位を保って見沼北端まで導水するかが、開削工事の成否を握るカギであった。用水路の水位を保つには築堤が必要であり、綾瀬川との交差点では洪水時の危険や樋枠などの腐朽も考慮する必要がある。この工区の工事の困難さはここにあった。このため綾瀬川を掛渡井によって通過させ、さらに約三〇間（約五四メートル）ほど開削して瓦葺地内で東西の用水路に分けた。西縁用水路は南進して旧見沼溜井の西北に達する。同水路は三間から五間（約五・四メートルから九メートル）の川幅を持ち、丘陵の側面（崖）を選んで開削されている。これは片側の崖を強固な自然の堤防として利用し、反対の沼地に沿った側だけを築堤して労力を省くためであった。流路の安定にも寄与している。

川口神社（川口市内）

○芝川は、悪水路（排水路）として利用された。沼底の最低部に中悪水路を開削し、これを芝川につないで荒川に放流するものである。工事は芝川の旧荒川吐口（落口）から始まり、上流へさかのぼる形で進められた。旧水路二二〇〇間（約四キロ）余りを瀬替え（流路変更）または切り広げることによって川幅を一二間（約二〇メートル）に改修し、八丁堤を切り開いて見沼の溜水を放流した。

川口神社に芝川開削に由来する神鏡がある。同社は川口（現川口市）の鎮守氏神であった。江戸時代に、川口は天領（幕府領）となり同社の社地は除地（免税地＝氷川免）と定められ氷川大明神と呼ばれた。見沼代用水路の芝川落口の門樋工事の際、井澤弥惣兵衛の配下杉島貞七郎保英は神社に工事成功を祈願し難工事を完成させた。工事には弥惣兵衛長男正房も参加した。享保一八年(一七三三)、弥惣兵衛と貞七郎はそろって神社に詣でて神恩に感謝し神前に神鏡を奉納した。(神鏡は川口市指定文化財である)。

＊

見沼新田開発事業は、弥惣兵衛の目論見どおり翌一三年(一七二八)二月に完成し、翌三月に下中条の元圦(もといり)を開扉(かいひ)して利根川からの取水を開始した。『見沼土地改良区史』によって代用水路開削を総括してみる。新川延長四万六九五七間五分(約八四・五キロ)のうち、見沼代用水路開削の距離は二万九五七七間五分(約五三・二キロ)、芝川新川開削改修共(見沼新田開発に伴う悪水路開削や改修)一万七三八〇間(三一・三キロ)となる。掘削の面積は二四万坪(一坪は三・三平方メートル、見沼代用水路一五万坪、芝川九万坪)である。

労役はのべ九〇万人(見沼代用水路一坪に付き平均三人三分強、見積もり五〇万人。芝川一坪に付き平均四人五分、見積もり四〇万人)、これは当時の江戸の総人口とほぼ同じ数であり、丁場に労働者がアリのように群がって働いた実態をうかがわせる。その賃金は一万五〇〇〇両(人夫一人賃金一匁の割、当時の両替で六〇匁で一両)に上った。今日に換算して一日当たり数千円であり決して高くはない。築堤は三万四一九間五分(約五四・八キロ)で、水路に設けたさまざまな工作物は、概算約五〇〇〇両、水路掘削の費用と合わせると二万両の巨額である。

この新田開発によって、幕府は総工費二万両を費やし、水路、道路、畦畔(けいはん)(あぜ・くろ)、河川敷に使うため古田六五町歩（一町歩は約一〇〇アール）余りを失った。だが開発の結果新たに新田一一七五町歩が生まれ、地代金二一〇四両を得た。同一六年には新田検地後、毎年上納米四九六〇石余りを確保

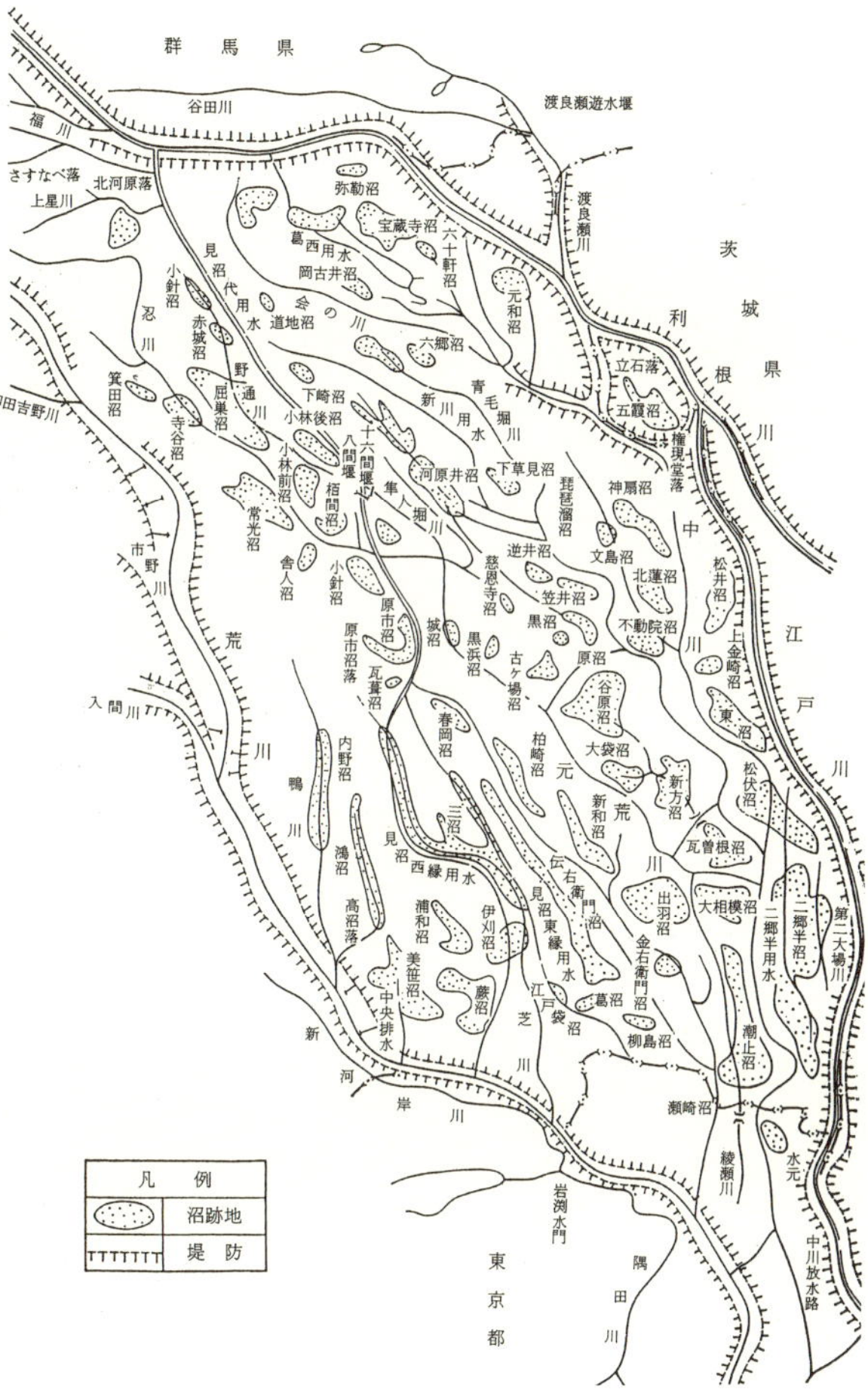

沼の分布図

することになった。同時に、水田に乏しかった見沼廻りの村々では、各村三〇町歩から二〇〇町歩の新田を請地することになり、七五〇〇石の収穫を得られるようになった。また流作場同然の荒地が五〇〇石余りの良田に生まれ変わった。

代用水の水路開削は、見沼溜井周辺の村々だけではなく、水路沿いの既存の用水にも豊富な水を供給した。水路沿いに点在する多くの沼を干拓して、その地に代用水を引いたのである。干拓された沼を適宜上げてみる。小針沼(現行田市)、屈巣沼(現川里村)、小林沼(現菖蒲町)、栢間沼(同前)、柴山沼(現白岡町)、皿沼(同前)、河原井沼(現久喜市、現菖蒲町)、笠原沼(現宮代町)、黒沼(現岩槻市)、鶴巻沼(現さいたま市)、九ヶ井溜井(現さいたま市)、上谷沼(現川口市)。これによって六〇〇〇町歩の新田が得られた。灌漑面積は一万五〇〇〇町歩を越える。代用水は見沼新田だけの代用水ではない。流域にあった多くの沼が新田に生まれ変わることにより、新川用水・黒沼笠原沼用水・高沼用水をはじめ支流の流域の開発が進み、灌漑面積の増大とともに多くの水量配分が必要となった。このため元圦の上流二五間(約四五メートル)の場所に木造樋管を伏せ込んだ。これが増圦で享保一三年に新設された。

元圦や増圦の開閉や管理については、圦樋築造の当時弥惣兵衛のもとで活躍した者のうち、重兵衛(現長谷川姓)と太兵衛(現飯塚姓)を選び、その任に当たらせた。享保一四年、重兵衛は元圦・増圦の管理役となり代官所より使用する人夫を合わせて年間五石四斗五升の給米が与えられた。太兵衛は水路掘削に際して自分の居住地が新堀開削路の川筋になったため、その代償として二つの圦の番人を命ぜられ年間二石四斗五升を給された。

幕府は享保一一年（一七二六）に新田検地条目を発布し、開発の成果を年貢として吸収する制度を整えた。勘定方関係の記録によると、年貢総額の平均は、享保元年から一一年の一四〇万石余りに対して、新田開発が本格化した同一二年から一五年は一五六万石余りと、年平均一六万石も増加している。見沼干拓と代用水の水路開削は、関東平野の中部地域の用排水を管理統制するとともに、流域の沼・湿地の干拓・新田開発も進めたことに大きな意義がある。

＊

享保一三年四月、将軍吉宗は日光社参を挙行した。見沼干拓工事竣工の翌月である。六五年ぶりに復活された。四月一三日、吉宗は日光に向けて出発した。まず行列の先頭をつとめた奏者番（そうじゃばん）の秋元但馬守喬房（たかふさ）の部隊が、真夜中の午前零時を期して出発した。引き続いて本多豊後守、松平左衛門佐（さえもんのすけ）などの諸大名の部隊が次々に出発し、やっと午前六時になって将軍の前後を固める親衛隊二〇〇〇人の隊列が出発した。最後尾をつとめる老中松平右京太夫輝貞（てるさだ）は、馬上三〇騎、鉄砲八〇挺、弓二〇張の構成部隊で午前一〇時に出立した。最後尾の出発まで一〇時間を要するという将軍社参の大行列だった。

一行は、途中休憩を入れながら御成（おなり）街道を北上した。将軍は寛播磨守から見沼溜井干拓の説明を受けた。弥惣兵衛も同席した。将軍は新田開発の完成に満悦し、「神技である」と弥惣兵衛の技量の高さを称賛した。初日は岩槻城に宿泊し、翌日は日光街道を北に向かい古河（こが）城に泊まった。さらに三日目は宇都宮城に宿泊して、四月一六日日光に到着した。東照権現様・徳川家康の命日である翌一七日に東照宮を参詣し、早くもその翌日一八日には江戸城に向かって日光を出発した。

大行列の荷物を運ぶ人足・馬は街道周辺だけでなく遠く関八州の村々から動員され、延べ四〇〇万人もの人足と馬三〇万頭が動員された。農繁期に都合三日間動員をかけられた農民たちにとって大迷惑な将軍の日光社参であった。日光社参は東照権現崇拝を喚起させて、「諸事権現様御定め通り」を主張することで、幕藩の主従関係の安定を精神的にもたらす狙いがあった。「享保の改革」を推進する将軍は強い幕府を誇示したのである。（江戸商人高田茂右衛門が発願して計画した下総・手賀沼の干拓工事も始まっていた。この工事も弥惣兵衛が奉行となり、上沼と下沼を分ける千間堤（高田堤、浅間堤とも呼ばれる）の築堤が進められた。だが同沼の干拓はたび重なる大洪水により不首尾に終わる）。

＊

寛永一八年（一六四一）、幕府は関東郡代伊奈家の姻戚に当たる地方巧者小島庄右衛門正重に命じて江戸川の流頭部を開削させて金杉まで新たな水路が開かれた。庄内古川（現在中川中流）は太日川（江戸川旧名）につながって江戸湾に注ぐようになった。関宿から金杉（現松伏町金杉）まで水路が開削されたことは、江戸と関東各地を結ぶ舟運には好都合だった。だが庄内古川流域は上流から洪水が押し寄せてくる洪水常襲地になってしまった。金杉村名主飯島貞嘉は祖父三代にわたって幕府に江戸川と庄内古川の分離を働きかけた（拙書『荒野の回廊』参考）。

享保一三年（一七二八）春、幕府は弥惣兵衛の現地見分ののち、「早急な工事が必要である」との彼の判断を受けて地元の訴えを認めた。訴えからほぼ半世紀も経っていた。

弥惣兵衛は配下の勘定方島田道咡を河川改修担当（現場責任者）に命じた。江戸川と庄内古川の合流点を分離させて新川を掘り、旧河道を治める工事は三年後に竣工した。幕府の総工費は三〇万両であった。庄内、幸手、松伏、八条四領の二〇〇村余りは大水害から逃れることができ、江戸に近い二郷半領では合流点の分離で水害が軽減され早場米地帯として栄えた。工事開始地点には弥惣兵衛の業績を称えた砥根河重蔬碑（松伏町文化財）が祀られている。

砥根河重蔬碑（江戸川中流）

亨保稲荷のある水神宮（葛飾区亀有の香取神社）

同一四年、弥惣兵衛は中川下流を本流に復させるため、亀有溜井のために締め切られていた大瀬・猿ヶ俣村間と亀有村・新宿町間の堤を取り除いた。同時に古利根川の猿ヶ俣・戸ヶ崎間と下流は金町村の北で江戸川に注いでいた新川を締め切り小合（こあい）溜井を設けた（現水元公園）。葛飾区内に井澤顕彰碑（「享保稲荷」）が建てられた。同碑は葛飾区亀有三丁目の香取神社の境内に現存する。碑文正面に「享保稲荷神社」と彫られており、背面には碑文が記されている。「享保稲荷は亀有村砂葉にあり、井澤弥惣兵衛享保十四年中川を掘割此地は境となり、東へ壹丈余り（約三メートル）の堤を築き川幅八十間（約一三〇メートル）新宿町に至る、後記念稲荷を奉祀、大正七年戊午三月春改築持主亀有前津矢沢錦亀良誌」とある（原文カタカナ）。

*

〈米将軍〉吉宗時代の新田開発には際立った技法上の特徴があった。江戸時代前期に盛んに行われた新田開発では、農業用水として湖沼や溜池それに小川の水を利用する場所を対象としており、大河川の中下流域付近一帯は手付かずのままであった。この肥沃な地帯が開発対象とならなかったのは、当時の築堤技術、河川管理技術では河川の流れを統制するのは不可能だったからである。ひとたび増水するならば洪水は堤防を切って溢（あふ）れ出し、一帯を水面下に没し去ってしまう。流域民も溢水（いっすい）の危険をあらかじめ考慮して、河川敷を広く設けており田んぼや民家は遠く避けるのを常とした。徳川幕府が伝統的に採用してきた伊奈流（関東流）工法は、そのような観点に立つものであった。

将軍吉宗が紀州藩から招聘した井澤弥惣兵衛ら土木技術者たちは、新しい工法（紀州流）を幕府の治水策に導入した。それは優れた強度を持った築堤技術と多種の水制工を用いた河川流路の制御技術（「川除（かわよけ）」と言う）とをもって、大河川の流れを連続長大の堤防の間に閉じ込めてしまう技法であった。紀州流工法によって、大河川下流域付近一帯の沖積平野、及び河口デルタ地帯の開発が可能となった。しかも堤の各所に堰と水門を設けて、河川から豊富な水を農業用水として引き入れることによって、河川付近のみならず遠方にまで及ぶ広大な領域に対して田地の灌漑を実現した。

新しい土木技術、河川管理技術によって、同時に勃興する商人たちの資本力を活用した町人請負制型の新田開発の方式を導入することによって、幕領の石高はこの時期に約六〇万石の増大を見て四六〇万石ほどに上った。こうして〈米将軍〉吉宗のもと、幕府の財政再建は着実に進行し、改革の開始から一〇年余を経た享保一六年（一七三一）ころには財政は黒字基調に転じて諸大名からの上米に依存しなくてもいい状態に到達した。

＊

見沼通船が、見沼代用水路が完成した享保一三年（一七二八）から三年後の同一六年に運航された。通船事業を願い出たのは、弥惣兵衛旧知の江戸商人高田茂右衛門と実弟鈴木文平である。同年五月、老中と勘定奉行から事業開始の許可を得ている。彼らはそれ以前から見沼代用水開削の最高責任者弥惣兵衛と身内のような付き合いをしてきた。下総国手賀沼の新田開発では資金面で積極協力していた。通船計画も弥惣兵衛との間で練られて来たのである。

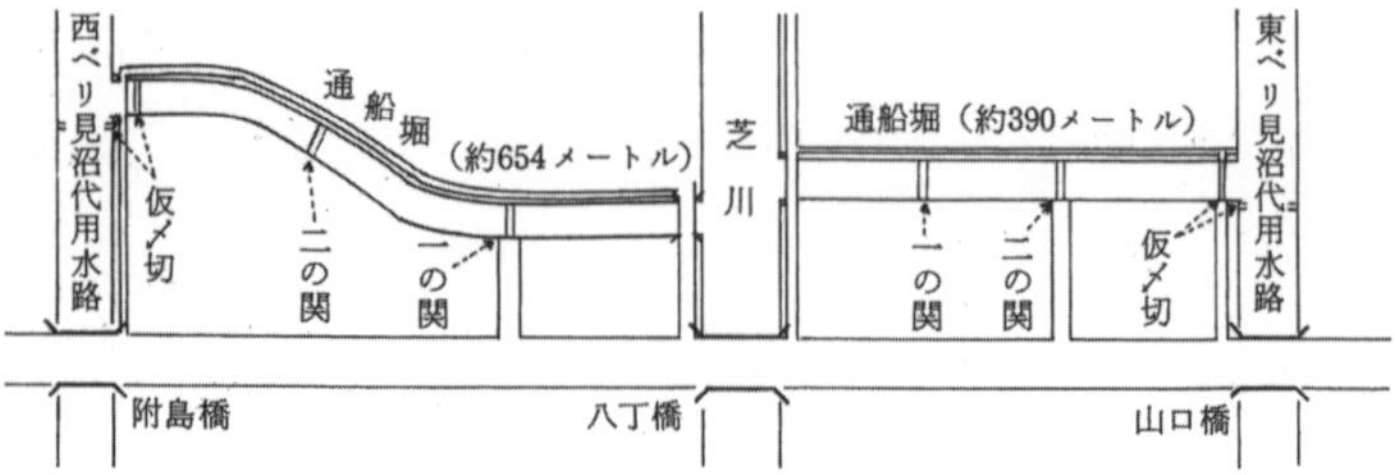

見沼通船堀平面図

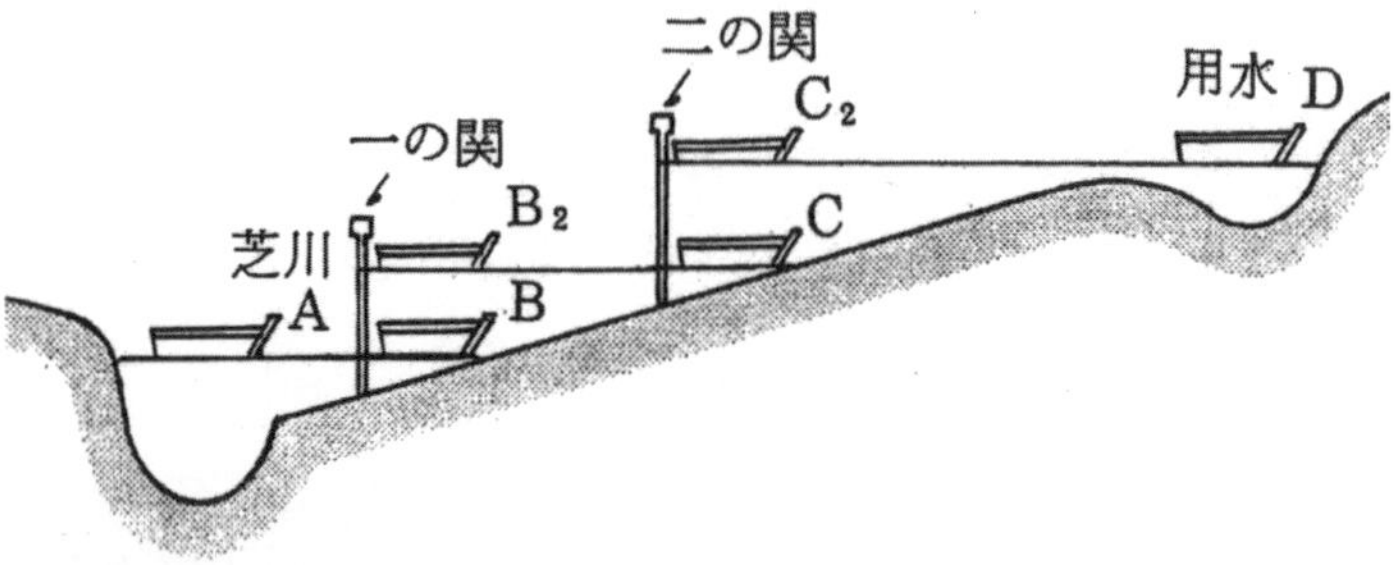

東縁通船堀縦断面図

見沼通船堀再現（2007年夏）

舟運事業の目的は、江戸と見沼代用水路の村々を直接結びつけることにある。だが用排水分離機能によって完成した代用水路と中央排水路の芝川をどう結びつけて通運可能にするかが重要な決め手であった。そのために考案されたのが通船堀の開削である。代用水路を利用すると、かつての溜井流末であった八丁堤までは通船可能である。だが八丁堤地点で、代用水と芝川との高低差が一丈（約三メートル）もあり、どうしてもこの地点に通船堀を掘削して結ぶ以外に方法がなかった。弥惣兵衛は水位差を閘門（こうもん）によって調節することにした。閘門式運河というのは、船を高低差のある水面に昇降させる水門装置で、船を入れる閘室があり、閘室の前後に開閉できる扉（水門）をつける。一方の扉を開いて水とともに船を閘室に入れ、その扉を閉めて船を他方の水位と同じにして運航する。中国では一三世紀に築造されているが、日本では極めて珍しい試みであった。日本初の閘門式運河との評価もある。構造はパナマ運河と同じであり、同運河に先立つこと約一七〇年前の建造である。

利根川・元圦附近（行田市下中条）（明治初期、見沼代用水土地改良区蔵）

見沼通船堀は、東西両縁水路と芝川を結ぶもので、八丁堤と同じ約九〇〇メートルである。途中に二か所に堰枠を造り、その開閉による水位の調節によって川舟（舟底の平らな平田舟、〝なまず船〟と呼ばれた）が荷物を積載したままで上下できるようにした。だが貨物輸送の面の便利さに反して、堰枠が木造のため二〇年くらいしか持たず改造費は莫大だった。このため通船権を与えられた高田・鈴木の両家は通船料を徴収して、改造の費用に当てた。通船堀が使用できるのは、用水が不用となる九月から翌年二月までとされた。この時期は農業の収穫期にもなるので、年貢の輸送に大きな役割を果たした。見沼通船は代用水路流域の大動脈であり、事業の独占により高田・鈴木両家は多額の富を得、江戸・神田に蔵屋敷を構えるまでになった。この「通船屋敷」は広さ六〇〇坪（一坪は三・三平方メートル）の広壮な敷地に加えて、神田川べりに長さ三〇間（一間は一・八メートル）の船のつなぎ場があった。また高田家は今日のさいたま市から川口市にかけて、六か所の会所屋敷（通船から通行料を徴収する出先事務所）の敷地が貸与された。見沼通船堀が完成した享保一六年（一七三一）一〇月五日、弥惣兵衛は勘定吟味役の本役に昇進する。六八歳。享保改革時代を代表する農政家となった。

豪商鈴木家（見沼通船堀の側に立つ、現在）

最終章（エピローグ）

民は楽を共にすべく、憂を同じくすべからず

役人は勘弁を重にして堪忍を極意と知るべし。
短慮は事を破るものと知るべし。

政事正しき時は万民の心直して、
国家静謐なれば国中賑々（にぎにぎ）しく成るべき事なり。

「紀州政事草」（伝徳川吉宗筆）より

〈もののふの時――水脈の流れを見つめて 長男楠之丞正房の独白〉

「父上の晩年をどう評価すればいいのでしょうか。父上は享保一六年（一七三一）一〇月に勘定吟味役の本役に登用されました。一介の農民から幕府直参に取り立てられた男が望み得る以上の格式と名誉を、有徳院様（将軍吉宗）によって与えられたことは疑いありません。ですが、翌一七年六月将軍様から老中様を通じて厳しい沙汰があったのです。

『特別職の地位を与えた以上は、他の吟味役と同程度の仕事ぶりでは困る』との説諭です。将軍様を崇拝していた老齢の父上には、このお叱りはことのほか堪えたことは想像に難くありません。頭髪は真白になり、歯もすべて抜けてしまったようです。

将軍様の改革が成果を見せ始めた一七年夏、害虫ウンカの大発生で西国はことごとく大飢饉に襲われ（享保の大飢饉）、幕府財政は再度火の車になりました。父上はその対応に追われる中、勘定方の普請役を引き連れて冬の越後国（現新潟県）に旅立たれました。紫雲寺潟と福島潟の一大新田開発を見分するためでした。『雪の越後路には難渋した』と帰られた際に呟いていました。帰られると間もなく、今度は甲州をはじめ、駿河・遠江の二州（現静岡県）に出向き大井川・天竜川を巡見しました。これには私も技術者見習として同行しました。次の年には伊勢国（現三重県）に出かけました。こちらの一部は紀州藩領であり、『気が楽だ』と笑顔をつくって出掛けられました。美濃郡代を兼帯されて木曾三川（木曾川・長良川・伊尾川〈現揖斐川〉）の治水策を考えておられたころの御勤めぶりは病身の老骨に鞭打つとの感じでしたが、これも将軍様の指示に従っておられたのだと思います。ちょうどそのころ私は両番格（小姓組番の書院番）を仰せつかり、元文元年（一七三六）には父上に従って私も大井川の普請に参りました。父上はよく有馬皇子の和歌を口ずさんでおられました。『家にあれば笥に盛る飯を草枕旅にしあれば椎の葉に盛る』（万葉集）です。

元文期に入ってからは、木曾三川の分流の目論見に心血を注がれました。あの苦労が命取りになられた、と思います。『残っている歯は五本しかない』と苦笑していました。父上が寄合入りされ無職になられたのは元文二年の大晦日が明日という雪の日で、私に『新田の事承る可く候こと』との仰渡しが公儀からあった日でもあります。明けて一月郷里の野上八幡宮に四石一升三合の田地を寄進しました。そして三月朔日（陽暦四月一九日）父上は散りしきる桜とともに往生を遂げられました。享年七六。あの時、私は二五歳。どんなに心細かったか……。父上の生涯は〈民は楽を共にすべく、憂を同じくすべからず〉の精神に貫かれていたと考えます。水とともに生き、水とともに死んだのです」

（『徳川実紀』、『新潟県の歴史』、『木曾三川の治水史を語る』、『愛知用水史』、海南市海南歴史民俗資料館「井澤弥惣兵衛」などを参考にする）。

＊

享保一七年（一七三二）六月、弥惣兵衛に将軍吉宗から老中松平乗邑を通じて厳しい沙汰があった。『各所営築の事承るにより、国用のさま心得ずしてはさしつかゆる事もあるべしとて、吟味役命ぜ

享保の大飢饉（ウンカ大発生による）

られたり、然るに同僚と同じ勤めざまのよし聞こゆ。またく（全く）所々営築の事を本とすれば、同僚の勤めとは、そのさま変わりて心得、勤仕すべしとなり』（『徳川実紀』）との指示であった。新田開発・荒地開墾のために特別職の地位を与えた以上、他の吟味役と同様の仕事ぶりでは困るとの説諭であり、財政再建のためにより大きな成果を挙げよとの厳命である。将軍を崇拝し一定の評価を受けていると信じていた達識有能な老齢の技術官僚弥惣兵衛には、この諭しはことのほか失望を誘った。だが同時に老骨に鞭打って、風雨寒暑を意とせず厳命にこたえなければならないとの使命感を新たにした。六九歳であった。そこに大災害が待っていた。

西日本を中心としたウンカの大発生である。（一部資料ではイナゴと記述されているが、大方に従ってウンカとする。『災害』（近藤出版社）参考）。「不作一年、あと引き三年」とされた。

一七年は五月下旬から閏五月下旬まで梅雨が続いた。六月に入ると涼しい日が続き、冷夏を思わせた。ところが六月中旬から急に暑くなり、病虫害が蔓延しやすい典型的な気象となった。ウンカが九州で発生し稲の茎を食い荒らし始めた。ウンカの大群は九州から中国・四国の各地方にまで飛んだ。この年の大凶作で食糧難に陥った諸藩が、幕府に対し拝借金に代えて払下げ米を受けるために提出した調書によると、物成(ものなり)(年貢)半減以下の諸藩は、鹿児島藩を除く西海道二七藩、紀伊藩を除く南海道一〇藩、山陽道四藩、山陰道四藩、畿内一藩に上った。飢饉被害の最悪藩は伊予松山藩で、餓死者が数万人に上った。このため藩主松平定英は将軍から出仕を差しとめられた。『徳川実紀』は「すべて山陽・西国・四国等にて餓死するもの九十六万九千九百人とぞ聞えし」と記している。米価の高騰は避けられなかった。幕府は、西国大名に対し、参勤交代の際は扈従(こじゅう)する家来の数を減らして倹約せよ、なるべく雑穀を多く作って翌一八年の夏の収穫量を増やせ、虫害が多かった地方では田畑のヨシやカヤを焼き払ったり虫を根絶するために土を掘って焼き捨てよなどの〝御触れ〟を出した(『御触書寛保集成』)。ウンカの異常な大発生は、年貢増収策を進める吉宗政権には大打撃であった。江戸期の大飢饉は享保に始まり天明、天保と続く。

＊

この一七年八月、弥惣兵衛は勘定方の普請役を引き連れて伊勢国の天領(幕府領)の視察に出掛けた。年貢取り立ての実態を検分した。続いて普請役保田太左衛門を連れて越後国を巡視し、信濃川や阿賀野川などの大河を見て回り、紫雲寺潟や福島潟にも足を運んだ。さらには駿河・遠江の二州に出向き暴れ川の大井川・天竜川を巡見した。いずれも河川改修や新田開発の下見分のためで、弥惣兵衛は老いてなお健脚であり、「上に奉じ、下に利する」を旨とした。

このころ、下谷長者町の弥惣兵衛私邸に、常陸国谷原領谷井田(現茨城県つくばみらい市谷井田)の名主

福岡堰(小貝川、現在)

海老原七郎兵衛朝信が訪ねてきた。朝信は小張村名主大山庄左衛門らとともに「水方肝煎役」として谷原領内の用水管理をしていた。中でも小貝川の福岡堰の管理は重要な任務の一つだった。この初老の名主が弥惣兵衛と面識を持ったのは、幕府勘定方の弥惣兵衛が山田沼干拓の下見分に訪れた際、現地案内を務めたときからであった。

江戸初期、小貝川右岸(東岸)一帯に広がる低湿地の開発が行われた。それを主導したのは関東郡代伊奈家で、福岡の北にある山田沼に小貝川の流れを導入する山田沼堰を設けた。農業用水を確保するためである。山田沼堰は洗堰(固定堰)という伊奈流の工法によって設置された。享保七年(一七二二)、弥惣兵衛は現地見分ののち、山田沼堰を撤廃することを決め、その半里(約二キロ)ほど下流に福岡堰を新設した。これによって山田沼が干拓されたのをはじめ、福岡堰下流の灌漑が行われ「谷原三万石」の美田開発につながった。ここでも幕府主導の紀州流で新田開発が成功したのである。当時、弥惣兵衛は飯沼開発を手掛けたのをはじめ福岡堰の近隣で吉田用水・江連用水の開削を基軸とする鬼怒川中流域総合開発を策定しており、福岡堰の建造は小貝川中流域総合開発計画も存在していたことをうかがわせる。福岡堰は関東三大堰の一つで、現存する。

「山田沼新田を無年貢水田として引き続きお認めくださるようにお願いいたします」

朝信は両手をついて懇請した。朝信は福岡用水堰の新設や山田沼の新田開発に協力したことから、褒美として年貢徴収の対象とならない新田を与えられていた。だが代官所から無年貢はいつまでも認められないと伝えられたのである。

「貴公たちが財産を投げ打って開発した新田であり、もうしばらくは年貢徴収を許すように代官に伝える。だがいつまでも続くと思われても困る。幕府財政は再び悪化している」

弥惣兵衛は額にしわを寄せて答えた。朝信には目の前の勘定吟味役がそれまでになく老けこんで見えた。

＊

享保年間、日本海に面した北蒲原地方の新田開発には、江戸初期には見られない新たな開発の担い手（町人・商人・地主）が台頭してきた。紫雲寺潟（現新発田市）と福島潟（現新潟市）の開発はこの穀倉地帯での代表例であった。

紫雲寺潟は、元禄一三年（一七〇〇）の越後国絵図に「塩津潟」と記され、新潟港とも結ばれて舟運にも利用されていた。また周辺地域の水難防止を目的とした遊水地にされていた。潟の周辺地で新田開発が進むにつれ水害を被る度合いが増え、連年の凶作で沼縁りの農民は困窮していた。新発田藩では領地の水害を防止するために排水工事を行ったが、効果は出なかった。海岸に近いこの潟の全面的な開発に乗り出したのは越後の人ではなかった。信州（現長野県）高井郡米子村（現須坂市）の竹前小八郎と兄権兵衛であった。現地調査をした普請役保田太左衛門によれば、竹前家は米子村代々の庄屋を務め、硫黄鉱山を経営し、弟小八郎は江戸で煙草問屋を営んでいた。その得意先にのちに三日市（現新発田市）の藩主になった松平保経がいた。小三郎は松平家に出入りしている間に紫雲寺潟周辺が開発可能であるとの話を聞いたという。そこで自費による新田開発を幕府勘定方に請願し、享保一二年（一七二七）一二月、開発許可が下りた。

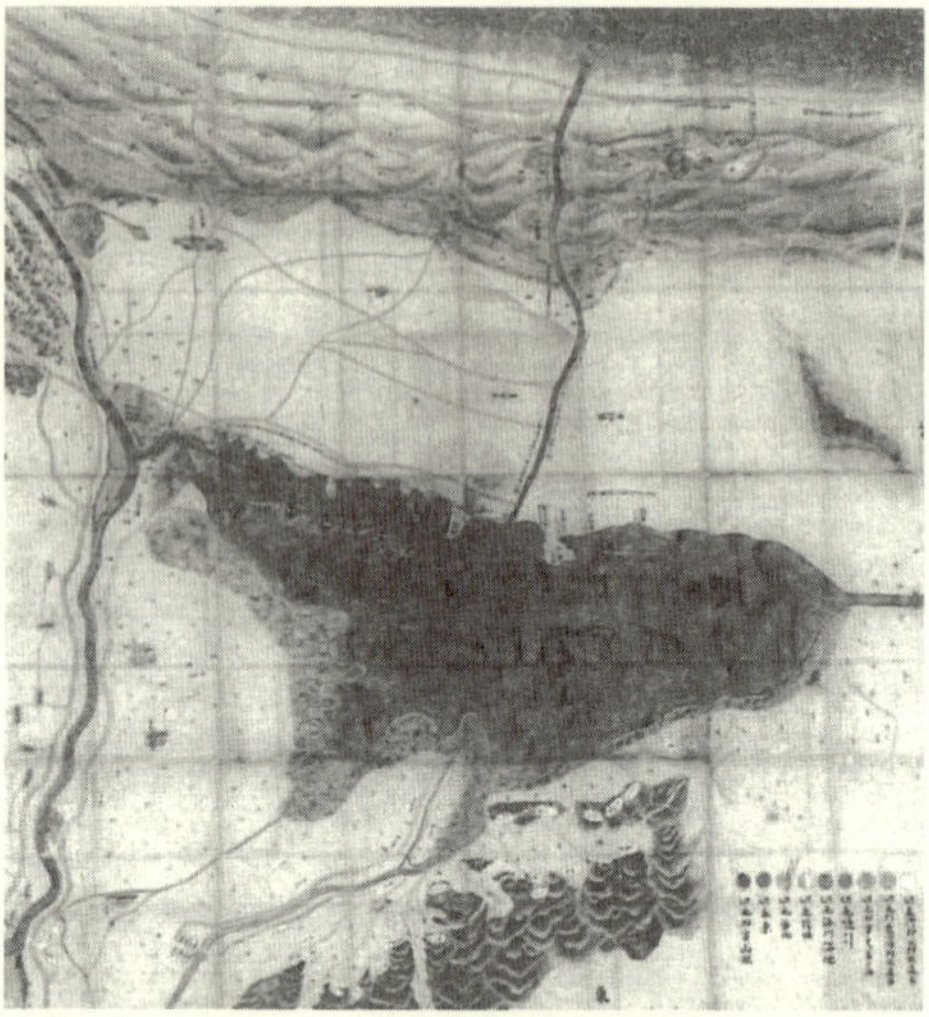
享保6年5月取調べによる紫雲寺潟干絵図（竹前茂樹氏蔵）

竹前兄弟は、米子村の田畑山林を質入れして開発資金を調達した。同時に江戸の町人会津屋佐左衛門が参加に同意し、翌一三年越後に赴いた。兄弟は柏崎の町人で新田開発を手掛けていた宮川四郎兵衛の協力を得て、同年七月に工事に取り掛かった。当初は小八郎のみが現地で開発を指揮したが、享保一四年他界したため、兄権兵衛があとを継いだ。権兵衛は妻子を信州から越後に呼び寄せて、紫雲寺潟の開発に専念したが、九一六両余の資金を投入しても工事は完成しなかった。

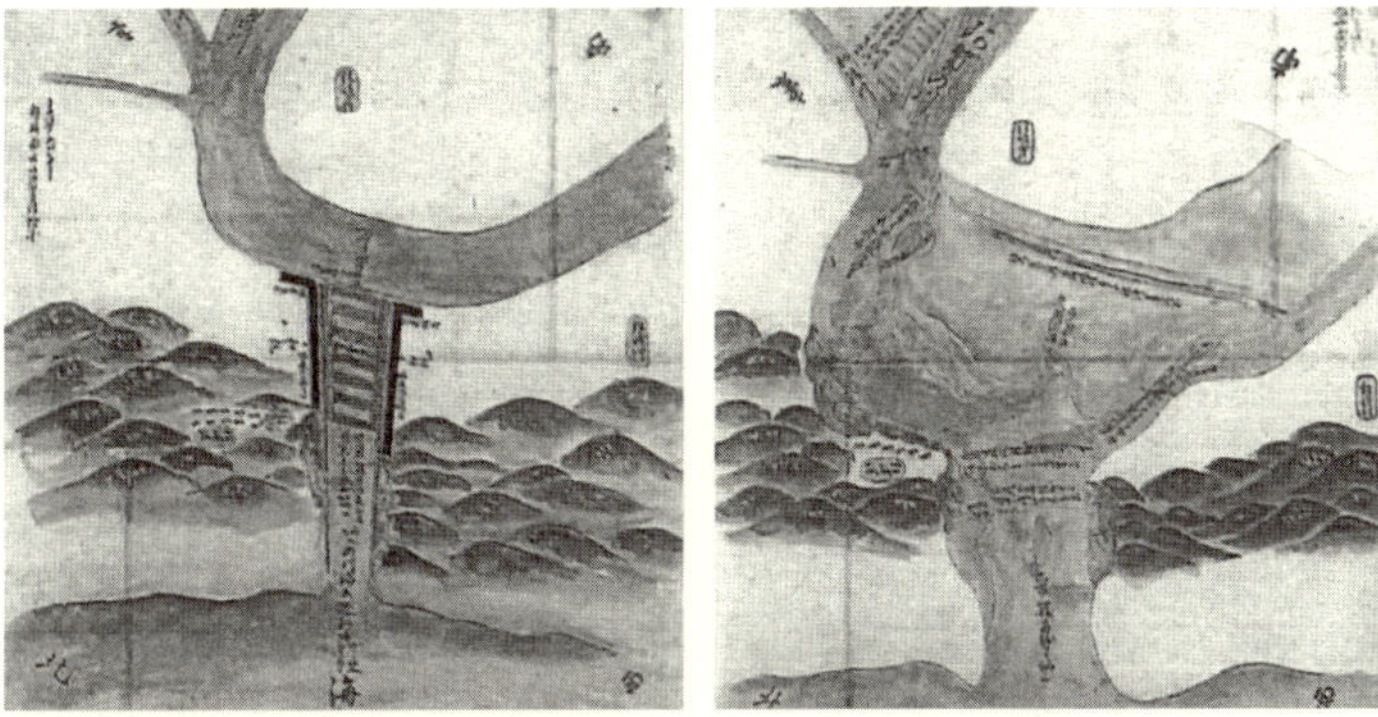

松ヶ崎堀割御普請絵図
享保15年（1730年）松ヶ崎分水路完成（右）
享保16年（1731年）洪水により川幅が広がり阿賀野川の本流に（左）（新潟市蔵）

資金不足に陥り、工事の続行は不可能になった。

深刻な事態を知った幕府は、勘定吟味役格の弥惣兵衛を現地に派遣した。竹前家中心の工事推進を危ぶんだ弥惣兵衛は、潟水面と開発地を没収して幕府主体の工事（国役普請）を行った。その際、竹前家には五〇〇町歩を払い下げ、残り一五〇〇町歩については開発者を再募集して工事を行わせた。弥惣兵衛の工事再開に応じた九〇人ほどの町人の中から、新発田町の町人を主とした一七人を選び干拓工事に当たらせた。

弥惣兵衛は、従来のような遊水地を残す開発から脱して、河川や湖沼の堤防を高くして溢れる洪水を防止し耕地の拡大を図ろうとした。紀州流である。加治川から潟へ流入する川水を、境川に堤防を築いて締切り、同時に潟から悪水落堀を掘って日本海に流し込み潟の干拓を図った。新発田藩では加治川から潟への流入が堰止められることで遊水地がなくなり、周辺の村落の水害が増大することを恐れ、紀州流の工法に反対した。

弥惣兵衛は、開発者に加治川の増水分を阿賀野川を経て日本海に放流する開削工事を実施するように命じ、開発者もそれを約束した。新発田藩の協力を得た上で、新潟町民の反対を抑えて、松ヶ崎（現新潟市）に排水路を開削し、享保一五年に完成させた。ところが、松ヶ崎開削は翌一六年春の融雪時の大洪水で両岸が決壊し、一挙に川幅が五〇間（約九〇メートル）に広がり、阿賀野川が日本海に直流してしまった。当時の技術力では復旧するのは不可能だった。だが幸運なことに、阿賀野川が松ヶ崎で日本海に直流することで、北蒲原地域の水位は急速に低下し、紫雲寺潟干拓工事は一気に進展した。享保一八年干拓工事は終了した。元文元年（一七三六）六月、検地高入れが行われ、紫雲寺郷四二村新田総高一万六八五八石余、一九三〇町歩の広大な美田が誕生した。

福島潟は紫雲寺潟に隣接するようにして新発田町南西に広がる湖だった。干拓は新発田藩によって行われた。新田開発に功績のあった藩士へ恩賞として与えられたり、藩士らに売り出されたりした。大庄屋白勢（しろせ）長兵衛らも開発に参加した。その後は町人請負で干拓工事が進められ、潟の西部を中心に水田化されて行った。

＊

享保一九年一〇月、弥惣兵衛は越後国の見分から下谷長者町の弥惣兵衛私邸に帰宅して間もなく、高田茂右衛門・鈴木文平兄弟の訪問を受けた。二人は管理運営を任されている見沼通船が予想を越えて繁盛していることを伝えたのち、「是非ともお読みいただきたい」と書状を弥惣兵衛の前に差し出した。それは下総国（現千葉県）の手賀沼廻りの三九か村名主四〇人余が、同沼の干拓に資金を出した高田に託した訴状であった。同年七月に手賀沼を襲った大水害によってもたらされた飢餓（享保の大飢饉）から救済を求める悲痛な訴えである。（我孫子市井上基家文書、『我孫子市史』参考、現代語表記とし適宜句読点を付す）。

「　　恐れ乍ら書付を以て願上げ奉り候

下総国手賀沼御新田・御普請成し下され候、有難く存じ奉り候、然る処に手賀沼の儀は利根川を請け候場所に付き少々の出水にも内水落ち申さず、水湛えに罷り成り殊に上沼の儀は水溜り罷り成り新々田は申すに及ばざるに、古新田並びに本田、御料・私領共に数年水損仕り候、此の沼廻り大小の百姓共別して年々困窮仕り渇命に及び至極難儀仕り殊更当年の儀は夏中より内水差支え夥しく湛え申し候に付き、御新田は申すに及ばず、手賀沼附き本田・御料・私領共に田畑水損仕り出百姓（出稼ぎ百姓）同然に困窮仕り候、沼廻り御新田惣百姓共の儀は種・夫食共に失い、一切御座無く候に付き、当七月中より飢えに及び此の上一日をも送り申すべき様曾って御座無く難儀至極仕り候。此れにより此の度上沼共に残らず御新田に罷り成り候御普請成し下され候様に願上げ奉り候は、戸張

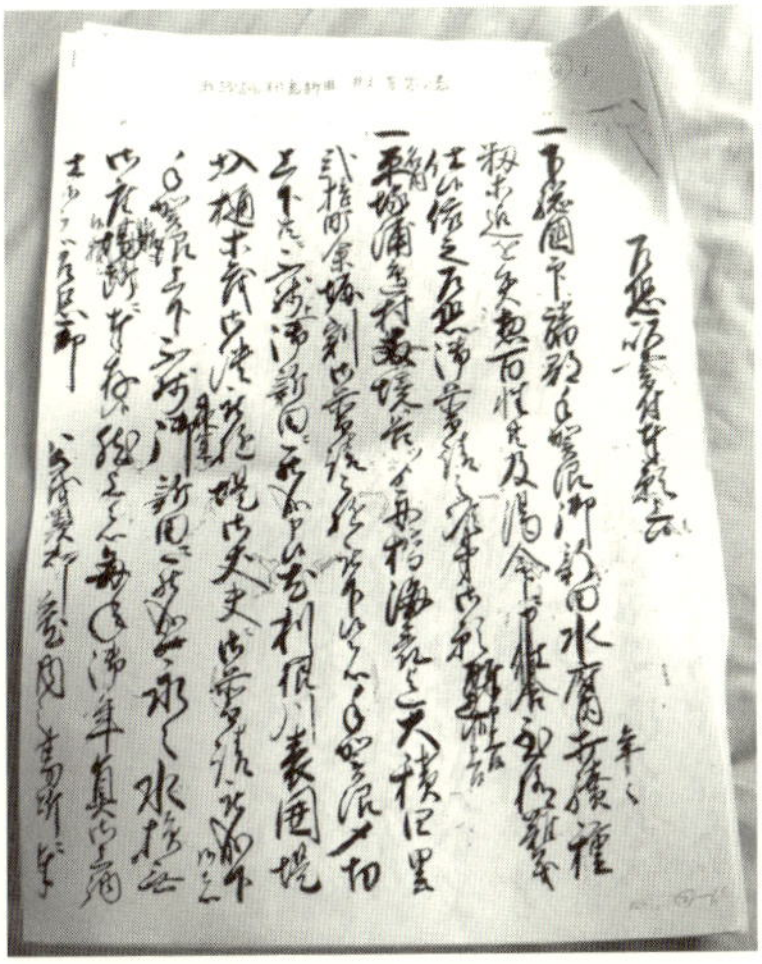

手賀沼廻り名主の訴状（中村勝氏提供）

谷つ（現柏市の谷津）口より江戸川・市川迄の谷つ続き御堀割御普請成し下され候えば、上沼新々田凡そ一万石程も出来仕るべき様に恐れながら存じ奉り候。その上下沼御新田の儀は水内残らず凡そ四・五千石程も上々御新田に罷り成り、都合一万四・五千石程も此の度出来仕るべく候。

右戸張郷より市川まで四里程谷つ続きにて高地避くこと出来候。御堀割御普請金の儀は、上沼・下沼共に水内の分新々田出来町歩に御割付年譜金にて何か年にも仰せつけられ次第御普請金上納仕るべく候間、御救いに当分御拝借金にて右の場所御見分の上、御堀割御普請成し下され候様に偏（ひとえ）に飢え百姓共願上げ奉り候。右御普請出来仕り候えば悪水定落しに罷り成り候に付き、内水湛え候の儀曾つて御座無く候間、毎年惣出水堤破損御普請も御座無く、御丈夫なる御新田に罷り成り候えば惣沼廻り御料・私領並びに古田・新田共に水損之無く、凡そ一万五千石程の御助けにて惣高三万石程も御料・私領共に毎年御蔵納めに罷り成り候場所に御座候。然る上には困窮仕り飢えに及び候沼廻り惣百姓共露命相助かり申し候間、何分にも御救いを以て市川に御切通し御普請成し下され候様に上沼・下沼大小百姓共一同に願上げ奉り候

享保十九年寅十月

井澤弥惣兵衛様

下総国手賀沼

（以下に名主四〇人余りの村名・名前・印が記されてある。省略）」

「貧農救済と新田開発のため手賀沼から市川の江戸川まで排水路を掘って欲しい」との名主たち

の切実な訴えである。名主たちは手賀沼に千間堤を構築するだけでは大洪水を排除できず、また新田開発もままならないことを知っていた。新たな排水路を掘らなければ手賀沼の洪水被害はなくならないことを知っていた。だが訴えは幕府の取り上げるところとならず実現しなかった。（訴状は井澤弥惣兵衛の手元まで届かなかったとの説もある）。

＊

徳川家康の九男義直が御三家の一つ尾張徳川家の初代藩主に封じられて最初に手掛けた大普請が木曾川の治水工事であった。その時構築された堤防が「御囲堤」である。これは木曾川左岸（尾張藩側）の犬山から弥富（現愛知県弥富市）までの約一〇里（約四〇キロ）にわたり堤の高さを約五丈（一四・五メートル）、端場（頂上部）の幅を約一間（一・八メートル）に築き上げたもので、長大な堤防はわずか二年間で構築された。犬山城に付家老成瀬隼人守を配置し、木曾川の犬山渡河点とともに監視させた。この強固な堤防によって、名古屋城下の水防と軍事上の防衛線が確保されるとともに、尾張平野の米穀の生産と民心の安定が約束された。だが美濃側（現岐阜県側）の堤防の高さは尾張側（現愛知県側）より三尺（九〇センチ）も低くなるように制限された。尾張側は「御囲堤」の効果をいっそう高めたが、美濃側は毎年のように濁流に洗われる水害常襲地となってしまった。しかも美濃国には木曾川だけでなく長良川や伊尾川（現揖斐川）などの大小の河川が乱流していた。

美濃側は弱小藩が分立し、その間に天領・尾張領・旗本領・寺社領・他藩の飛地がモザイク状に混在していたため、統一的な治水工事は不可能であった。この地域の住民たちは、自然堤防や人工堤

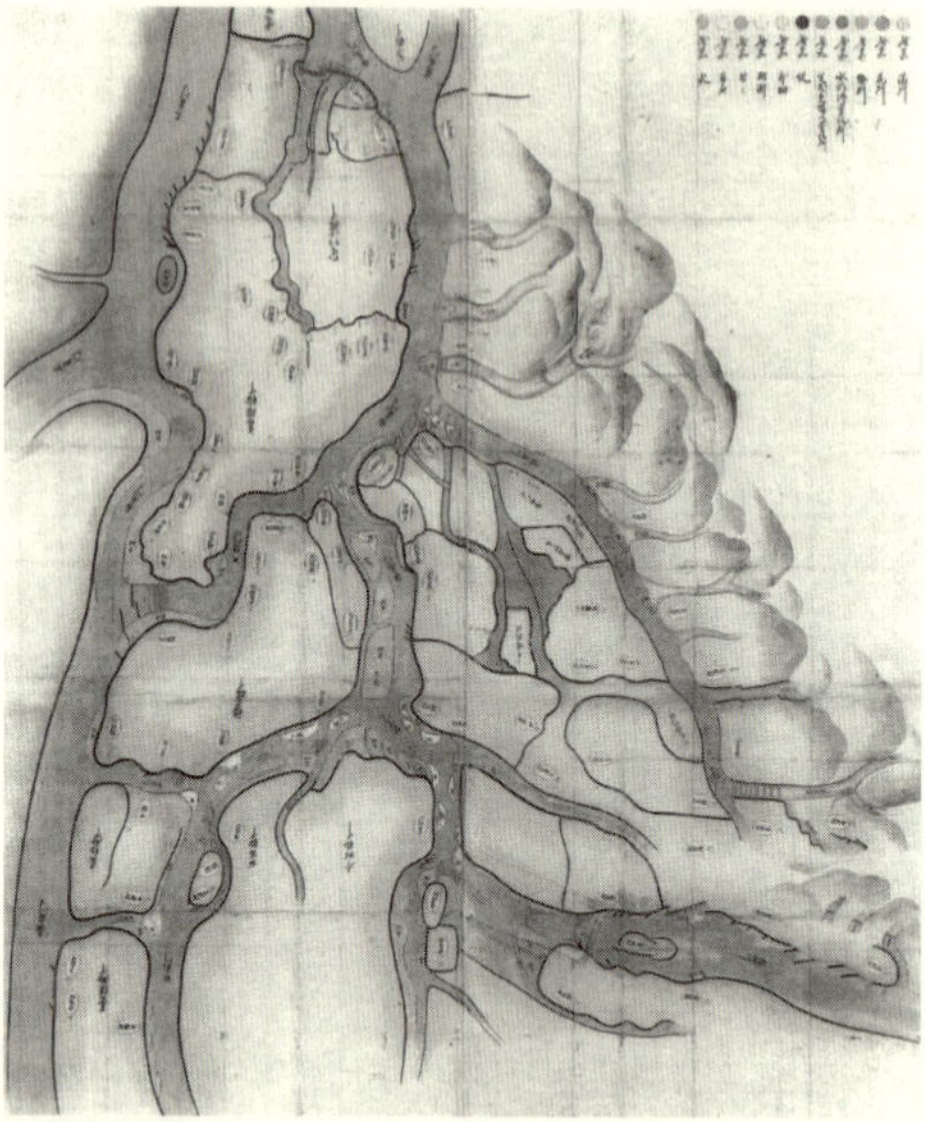

木曾三川図

防のようなわずかに高い場所を選んで家を構え、消極的な方法で洪水に対処した。地元住民は協同して水防に当たり、居住地周囲に堤防を構築した。これが「輪中（わじゅう）」であり、一つの水防の単位となった。輪中の中には高く土盛りした敷地に水屋が建てられ水害時に備えた。

雨天は西から東に移動するが、木曾三川中、伊尾川がまず出水し、長良川がこれに次ぎ、さらに木曾川は遅れて出水する。このため伊尾川は長良川の出水により、いっそう水位を増すことになり、さらに木曾川の出水により、その圧迫を受けてますます水位を高めて減水しない。このため南濃平野は一面に濁流に呑み込まれて、堤防が切れ各輪中に大きな被害をもたらす。水害から解放されるには、三大河川を分流させることが最優先の施策であった。紀州流治水家弥惣兵衛は二度にわたる現地見分の結果、この点に着目した。

享保二〇年（一七三五）八月一〇日、弥惣兵衛は幕府の勘定吟味役から美濃郡代兼帯（兼務）を命じられた。美濃国幕府領高一二万石余りの御預りを仰せつけられ、八月二一日暇を賜って笠松役所に来任した。大名並の格式だが、七二歳の高齢であった。彼が美濃国に滞在したのは、同年八月から一二月までの五か月に過ぎない。それより三年後の元文二年(一七三七)九月五日彼は美濃郡代を退いた。彼は美濃郡代在任中木曾三川をはじめ大小河川を巡視し、綿密な三川分流治水工事計画を立て、これを幕府首脳に建言したとされる。幕府では直ちにこれを実施するには至らなかったが、弥惣兵衛が病没してから一六年後に施工された宝暦治水工事は、彼が美濃郡代在任時代に企画した設計を基礎として実施したものと伝えられている(『岐阜県治水史』)。

＊

弥惣兵衛が美濃郡代時代に高木家宛に出した書状(①、②)が残されている。今日確認できる限られた実筆の史料である。高木家は美濃郡代の水行奉行(川通掛、交代寄合旗本)で普請の見回りや工事現場の巡視を行う。本家は西高木家、分家は北高木家と高木家で、三家で構成される。高木重一(西)、同求馬(北)、同内膳(東)である。笠松代官は堤方役所である。高木家は江戸に常駐する旗本とは異なり、知行地に居住して参勤交代を行い大名並みの格式が与えられた。書状を見てみる(付録―3参照)。

①

【書き下し】

「一応、上本田村御召呼御家来中堤方役人立会存寄申聞、得心為致書付取候様ニ被成度旨被仰下候、先頃上本田村御呼出右役人立会段々申聞候得共、兎角相障り候旨申立、得心不仕候由将又河渡・生津両村願候築足堤築立候儀者、御料高掛不申、右両村より築立可申旨書付差出候、右之趣ニ付後日勘弁之上、猶又存寄御報可申達由致承知候

一　右村々願築足堤見分之儀、各様御家来中堤方役人立会場所吟味之覚書、去冬被遣候得共、先達而得御意候通、私領入会之場所新規普請ニ付、御勘定奉行江［後欠］」

・上本田村…美濃国本巣郡上本田村（現岐阜県瑞穂市）
・河渡村…美濃国方縣郡河渡村（現岐阜県岐阜市）
・生津村…美濃国本巣郡生津村（現岐阜県本巣郡北方町）

【現代語訳】

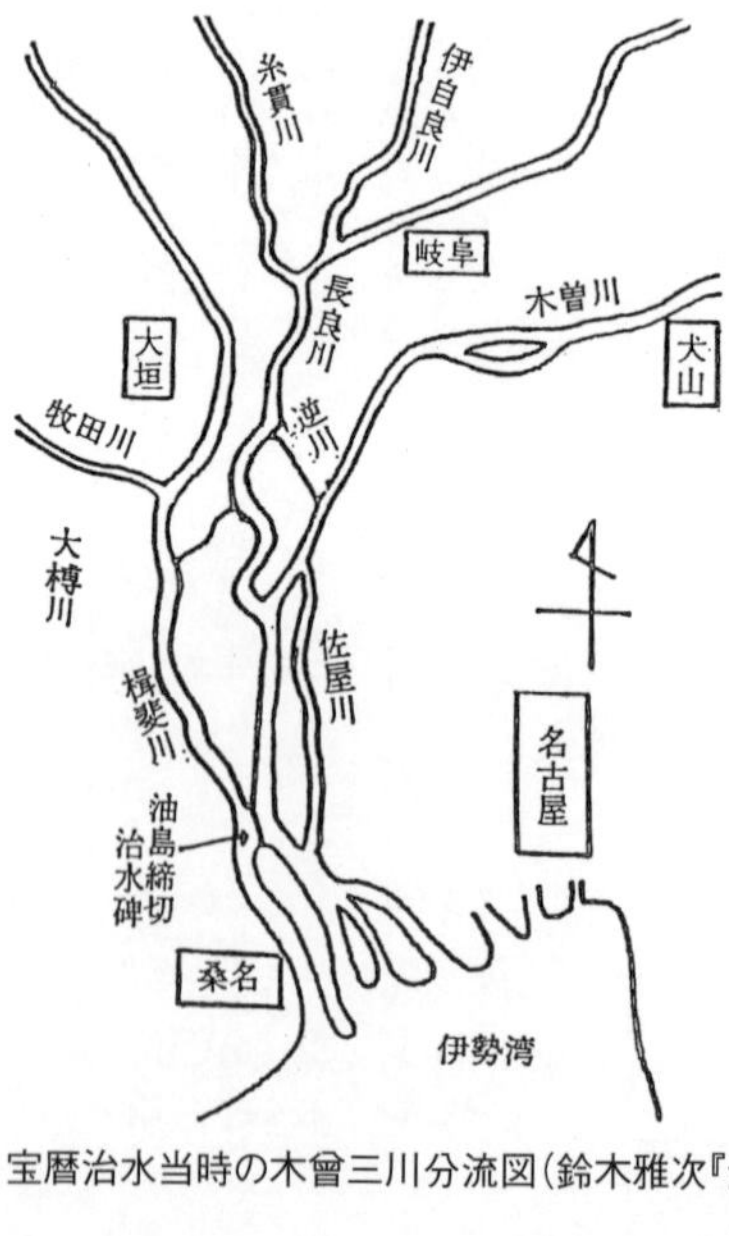

宝暦治水当時の木曽三川分流図（鈴木雅次『河川』）

「一応、上本田村に呼ばれた家来中の堤方役人が立ち会い、納得させて書付を取らせるようにしてほしいと仰せ下されました。先頃、上本田村に呼ばれた右の役人が立ち会い、事情を説明しましたが、とにかく支障があると申し立て納得しないこと、あるいは河渡・生津両村が築足堤を築造することを願い出ていることについては、御料の高掛（付加税）を申し付けず、右両村が築造するという旨の書付を差し出すことにしました。

右の内容につき、後日十分考えた上、また思いついたらご報告するべきであると、承知しております。

一　右村々（河渡村・生津村）の願いである築足堤見分のことは、各様（高木三家）の家来中の堤方役人が立ち合い、場所を吟味した際の覚書を、去る冬に送りましたが、先達て御意を得た通り、私領入会（私領が入り交じっている）の場所を新規普請するので、勘定奉行へ……（後欠）」

②

【書き下し】

「御了簡之趣を以不相達候而ハ、否難申遂由申達候処、上本田村堤外田畑障りニ成候段書付出候由、右堤外之儀三合余出水度毎水下ニ候旨、上本田村堤外地続下本田村・只越村堤外畑有之候得共障り不申候、殊上本田村者地高之所之由相障、百姓得心不致品御勘定奉行江相達候儀不及、夫ニ（マヽ）段被仰下候趣御尤ニ御座候得共、拙者儀御存之通御勘定所一所ニ勤候ニ付、カ様之儀御勘定奉行江不申聞、万之一百姓得心不仕置訴出なと仕候儀有之候而者迷惑仕候ニ付、御了簡之所思召不顧、再応申達候段如何ニ御座候へ共、右之訳ニ御座候間拙者一分ニ而御勘定奉行江心得之様ニ成共、達可置度又々申達候、恐惶謹言

四月廿八日　井沢弥惣兵衛（印）
老脇病気ニ付印判御免可被下候

高木重一郎様
高木求馬様
高木内膳様

追而申達候、拙者儀、先頃以来病気ニ而引込罷有、御報延引致候以
上」

・只越村…美濃国本巣郡只越村（現岐阜県瑞穂市）

【現代語訳】

「ご了簡（お考え、とりはからいなどの意）の内容が伝わってこないのでは、可否を述べることが難しいということを伝えたところ、上本田村堤外の田畑に支障があるという書付が出されました。右（上本田村）の堤の外では、三合余りの出水のたびごとに（田畑が）水下になってしまい、上本田村の堤の外に位置し、地続きである下本田村・只越村は、堤の外に畑があっても支障はないが、特に上本田村は高地であるので支障があり、百姓が納得しないということを勘定奉行へ伝えるには及ばない

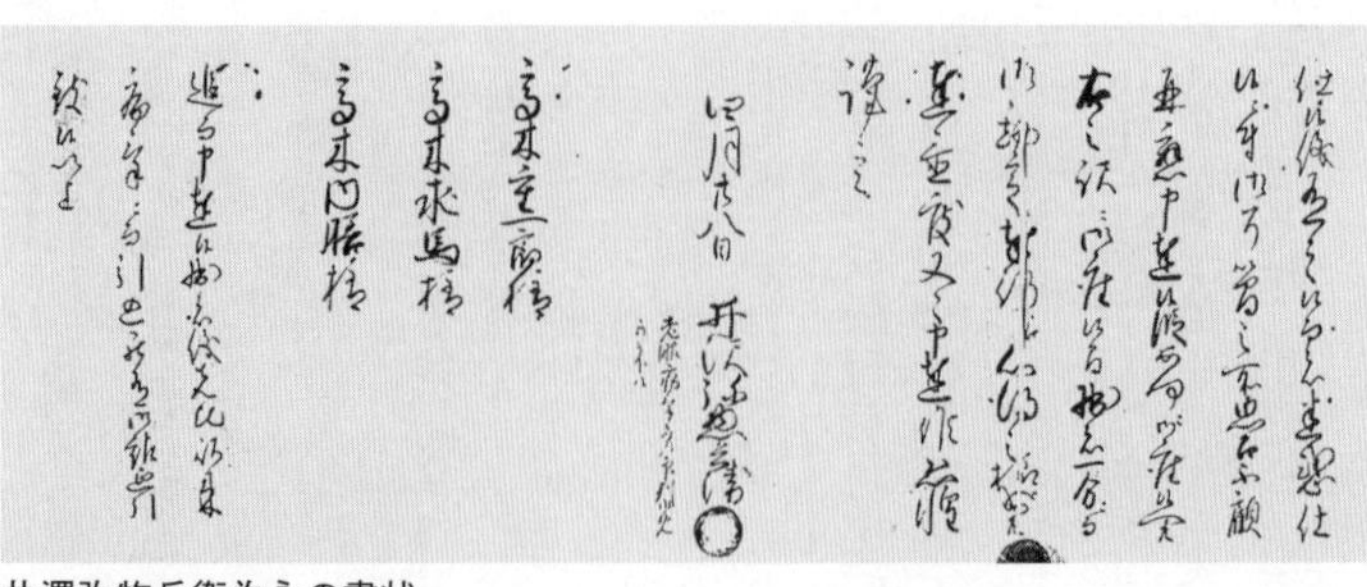

井澤弥惣兵衛為永の書状

と仰せがあったのはごもっともです。

しかし、私はご存知の通り、勘定所一か所に勤めているので、このようなことを勘定奉行に伝えず、万に一つ、百姓が納得せず、訴訟など起こすようなことがあれば迷惑なので、再び申告することがどうかと思いつつも、このような状況なので、私は勘定奉行へ心得ておくように伝えておきたく、何度も申しているのです。恐惶謹言。

四月二十八日　井沢弥惣兵衛（印）

高木重一郎様

高木求馬様

高木内膳様

追伸　私は先頃以来、病気で引きこもっており、ご報告が遅くなりました。」

二つの書状は、美濃以外の土地で書かれたもの（美濃在地期間外）である。記述されている村々はすべて、宝暦治水工事等における分流関連区域以外の地域である。長良川墨俣（すのまた）より上流の地域であって、三川分流の対象となる地域ではない。水行奉行高木家との往復書簡であるため、三川分流計画への言及はうかがえない。これだけでは治水計画（三川分流）に対する井澤弥惣兵衛の提言が確認できないが、病気がちな晩年にあっても公務に携わる痛々しい姿が見えてくる。

＊

元文二年（一七三七）九月、弥惣兵衛は病のため美濃郡代を解任され、同年一二月には勘定吟味役も免ぜられ寄合となった。翌三年一月、弥惣兵衛は郷里の野上八幡宮に四石一升三合の田地を寄

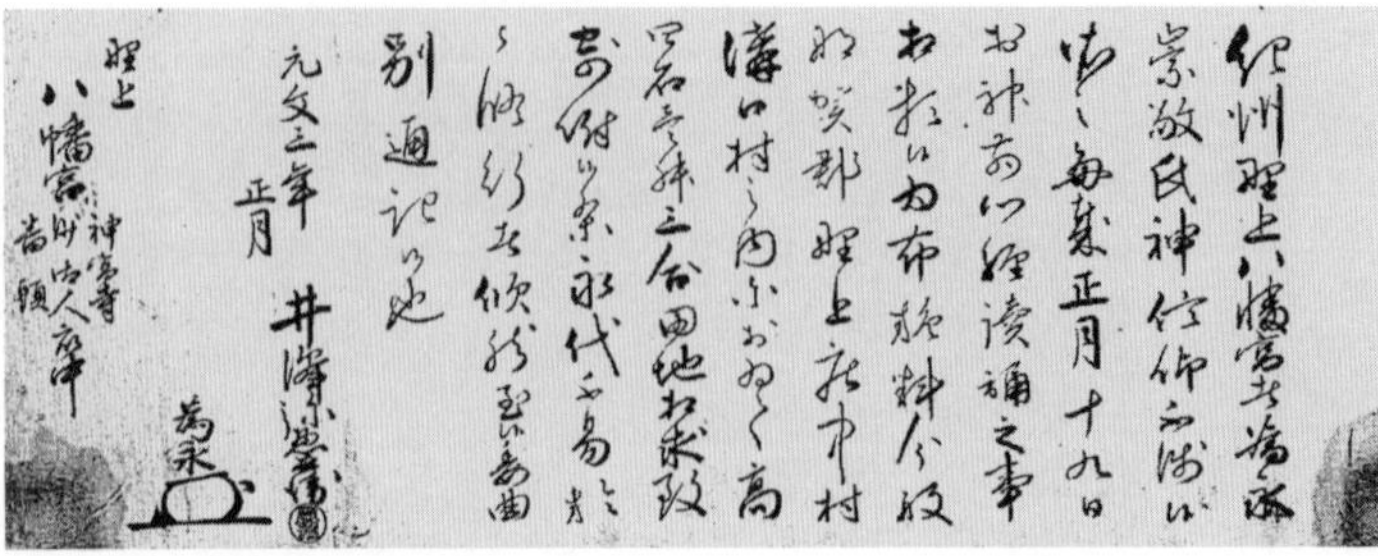

為永の寄進状（野上八幡宮蔵）

進し、毎年一月一九日に神前での心経読誦を依頼している。弥惣兵衛は神仏への崇敬の念が厚かった。自身の死期が近いことを予期したのであろう。野上八幡宮への寄進状と副寄附状を記す。（現代語表記）

「　　　寄進状

紀州野上八幡宮は為永崇敬氏神信仰浅からず候、よって毎歳正月十九日神前に於て心経読誦の事相頼み候、布施料として今般那賀郡野上庄中村・溝ノ口の内において高四石壱升三合田地を相求め寄付致すの条、永代易（か）わらず修行を被るに於ては欣然至候、委曲は別通に記し候也

元文三年

正月　　　　　　井沢弥惣兵衛㊞

為永（花押）

野上　八幡宮　神宮寺　沙汰人　番頭　衆中」

「　副寄附状別通之事

為永事、紀州野上庄溝ノ口村に出生仕、元禄三年、清渓院様の御代召出され、和歌山に住居し野上八幡宮を氏神と称し崇敬浅からず候、武運長久を祈るため毎歳正月十九日其番頭及び神宮寺に因っ

て、神前に於て心経読誦おこたらず候、然る処、享保八年東武へ招され、忝けなくも御旗本に列居、なお又信仰おこたることなきに候、しかれども遠国便宜不自由、往々ようやく疎略に致す可、且つ子々孫々に至ては心経読誦の事廃すべきことを憂い、今年同国旧里野上新村井沢弥市郎並為永実弟沖野々村岡佐太夫を頼み、那賀郡野上庄中村において二か所、同郡溝ノ口村にて一か所、都合三か所にて高四石壱升三合田地求めさせ、則其証文を以て、右御布施料として寄附いたし候、いよいよ永代易わらず心経読誦、子孫繁栄の祈祷頼みいり候也。されば、仍て件の如し」(海南市海南歴史民俗資料館「井澤弥惣兵衛」)。

元文三年(一七三八)三月一日弥惣兵衛没、享年七六。江戸四谷(現千代田区麹町六丁目)の名刹心法寺に葬られた。法名は「崇岳院殿隆譽賢巌英翁居士」である。一説に暗殺説もあるが、取るに足りない。愚説である。弥惣兵衛の長男正房は元文三年に弥惣兵衛が亡くなると、そのあとを継ぎ諸国の工事に従事、延享四年(一七四七)二月勘定吟味役に昇進した。ところが三河国(現愛知県)の吉田橋架橋工事(現豊橋市内)に不備(手抜き工事)があったとして宝暦三年(一七五三)二月に役を停止させられ小普請組(無役)に格下げとなった。明和二年(一七六五)八月不遇のうちに病没した。享年五一。三代以降は書院番等に列せられたのみで、為永や正房の農業土木技術を継ぐものは出なかった。

＊

〈米将軍〉吉宗が命じた「自然の大改造」ともいえる空前の新田開発は、すべてにおいて成功したわけではない。広い新田を耕作する労働力の不足、つまり新田入植者の不足の問題が出てきた。さらに深刻な問題は、行きすぎた開発に伴う災害の続出である。平野から山地に至る大開発の展開は、河川にそれまでにない甚大な影響を与えた。大洪水の頻発（ひんぱつ）である。〝開発万能主義〟の大きなツケであった。大開発時代に触発された「大洪水時代」の到来であった。弥惣兵衛が没して四年後の寛保二年（一七四二）夏、関東甲信越地方は江戸期最大の大水害に見舞われ、一万人を超える犠牲者を出し、その後も数年おきに大水害が発生する（拙書『天、一切ヲ流ス』参考）。村々では水争いが多発し、緑肥や馬草・燃料の不足が恒常化した。もはや農地拡大一辺倒では問題を解決できなくなった。

新田開発は全国各地で境界紛争を頻発させた。入会山の開発は、入会山の境界と、その開発耕地の帰属をめぐる争いをもたらした。沼沢や河海の開発は、漁業権や水辺植物採取権の補償問題に関する紛争を惹起（じゃっき）した。新田開発は治水策と密接に絡むことによって、より複雑な紛争を発生させた。それは新田への用水確保の問題でもあった。だが、本質的には大河川流域の新田開発のあり方にかかわるものであった。河川は自然境界として国境、郡境、村境としての役割を備えている。河川流路の変更は、それ自体で境界論争を導くものであった。河川境界についての従来の慣行を根底から揺るがすものであった。水害の防衛策は地元村の堤川除（つつみかわよけ）の工夫や堤防強化だけでは進まなくなった。吉宗政権下の弥惣兵衛を頂点とする紀州流河川技術者は、新田開発と治水政策を一体のものとして認識した。幕府は享保の改革で推進した〝開発万能主義〟の農政から、農業技術の改良や農業経営の集約化という量より質の〝精農主義〟の農政に方向を転換せざるを得なくなる。

井澤弥惣兵衛為永 開発年表

（歴史学者 橋本直子氏提供）

No	年次	西暦	名称	関連	国名	現在地
1	元禄九	一六九六	藤崎井用水		紀伊	和歌山県紀の川市那賀町～和歌山市
2	宝永三	一七〇〇	亀の川新川		紀伊	和歌山県海南市・和歌山市
3	宝永四	一七〇一	小田井用水		紀伊	和歌山県伊都郡高野町～岩出市
4	宝永七	一七一〇	亀池		紀伊	和歌山県海南市
5	享保七	一七二二	福岡堰	山田沼	常陸	茨城県つくば市谷田部
6	享保七	一七二二	山田沼	福岡堰	常陸	茨城県つくば市谷田部
7	享保七	一七二二	琵琶湖		近江	滋賀県
8	享保七	一七二二	淀川		摂津	大阪府
9	享保八	一七二三	新市野川		武蔵	埼玉県比企郡川島町
10	享保八	一七二三	大島新田		武蔵	埼玉県北葛飾郡杉戸町・幸手市
11	享保八	一七二三	青野原		摂津	兵庫県宝塚市
12	享保八	一七二三	長尾山		摂津	兵庫県川西市
13	享保九	一七二四	印旛沼		下総	千葉県北部
14	享保一〇	一七二五	牛久沼	伊丹代用水	常陸	茨城県龍ヶ崎市
15	享保一〇	一七二五	伊丹代用水	牛久沼	下総	茨城県取手市藤代
16	享保一〇	一七二五	飯沼		下総	茨城県北西部
17	享保一〇	一七二五	吉田用水	飯沼	下野・下総	鬼怒川右岸
18	享保一〇	一七二五	馬立入沼	飯沼	下総	茨城県坂東市

19	享保一〇	一七二五	大沼	飯沼	下総	茨城県つくば市谷田部
20	享保一〇	一七二五	渡呂賦新田	飯沼	下総	茨城県
21	享保一一	一七二六	山川沼	飯沼	下総	茨城県結城市
22	享保一一	一七二六	北沼	飯沼	下総	茨城県結城市
23	享保一一	一七二六	菅野谷溜井	飯沼	下総	茨城県結城市
24	享保一一	一七二六	八町沼（八丁沼）	飯沼	下総	茨城県結城市
25	享保一一	一七二六	太田沼	飯沼	下総	茨城県結城市
26	享保一一	一七二六	和哥沼（若沼）	飯沼	下総	茨城県結城郡八千代町
27	享保一一	一七二六	古間木沼	飯沼	下総	茨城県結城市
28	享保一一	一七二六	国生沼	飯沼	下総	茨城県常総市石下
29	享保一一	一七二六	江連用水		下野・下総	栃木県芳賀郡～茨城県結城郡
30	享保一一	一七二六	酒匂川改修		相模	神奈川県
31	享保一一	一七二六	上谷沼溜井		武蔵	埼玉県川口市
32	享保一一	一七二六	紫雲寺潟		越後	新潟県新発田市紫雲寺町
33	享保一二	一七二七	砂沼	江連用水	下総	茨城県下妻市
34	享保一二	一七二七	平沼	江連用水	下総	茨城県下妻市
35	享保一二	一七二七	見沼		武蔵	埼玉県さいたま市
36	享保一二	一七二七	見沼代用水	見沼	武蔵	埼玉県
37	享保一二	一七二七	下中条村元圦・増圦	見沼代用水	武蔵	埼玉県行田市
38	享保一二	一七二七	八間堰	見沼代用水	武蔵	埼玉県南埼玉郡菖蒲町
39	享保一二	一七二七	十六間堰	見沼代用水	武蔵	埼玉県南埼玉郡菖蒲町
40	享保一二	一七二七	瓦葺掛樋	見沼代用水	武蔵	埼玉県上尾市

41	享保一二	一七二七	柴山伏越樋	見沼代用水	武蔵	埼玉県南埼玉郡白岡町
42	享保一二	一七二七	東仁連川	飯沼	下総	茨城県結城郡～猿島郡
43	享保一二	一七二七	手賀沼		下総	千葉県北西部
44	享保一二	一七二七	元荒川	見沼代用水	武蔵	埼玉県南埼玉郡白岡町
45	享保一三	一七二八	北河原用水		武蔵	埼玉県熊谷市
46	享保一三	一七二八	高田堤（千間堤）	手賀沼	下総	千葉県柏市沼南～我孫子市
47	享保一三	一七二八	浅間堀	手賀沼	下総	手賀沼北岸
48	享保一三	一七二八	屈巣沼	見沼代用水	武蔵	埼玉県鴻巣市川里
49	享保一三	一七二八	埼玉沼（小針沼）	見沼代用水	武蔵	埼玉県行田市
50	享保一三	一七二八	笠原沼	見沼代用水	武蔵	埼玉県南埼玉郡宮代町
51	享保一三	一七二八	笠原沼代用水	笠原沼	武蔵	埼玉県南埼玉郡菖蒲町
52	享保一三	一七二八	黒沼	見沼代用水	武蔵	埼玉県岩槻市
53	享保一三	一七二八	黒沼代用水	黒沼	武蔵	埼玉県久喜市
54	享保一三	一七二八	栢間沼	見沼代用水	武蔵	埼玉県南埼玉郡菖蒲町
55	享保一三	一七二八	江戸川（金杉～深井新田）		武蔵・下総	北葛飾郡・千葉県流山市
56	享保一三	一七二八	河原井沼	見沼代用水	武蔵	埼玉県南埼玉郡菖蒲町・久喜市
57	享保一三	一七二八	新笊田堀	河原井沼	武蔵	埼玉県久喜市
58	享保一三	一七二八	小林沼	見沼代用水	武蔵	埼玉県南埼玉郡菖蒲町
59	享保一三	一七二八	柴山沼	見沼代用水	武蔵	埼玉県南埼玉郡白岡町
60	享保一三	一七二八	皿沼	見沼代用水	武蔵	埼玉県南埼玉郡白岡町
61	享保一三	一七二八	鶴巻沼	見沼代用水	武蔵	埼玉県さいたま市
62	享保一三	一七二八	九ヶ井溜井	見沼代用水	武蔵	埼玉県さいたま市

63	享保一四	一七二九	中川	小合溜井	武蔵	東京都葛飾区
64	享保一四	一七二九	小合溜井	中川	武蔵	東京都葛飾区
65	享保一四	一七二九	中川下流	小合溜井	武蔵	東京都葛飾区
66	享保一四	一七二九	古新田村の堤	中川	武蔵	埼玉県八潮市
67	享保一四	一七二九	多摩川改修		武蔵	神奈川県川崎市中原区
68	享保一四	一七二九	中条堤		武蔵	埼玉県熊谷市～行田市
69	享保一四	一七二九	隼人堀		武蔵	埼玉県南埼玉郡白岡町～春日部市
70	享保一四	一七二九	高沼（鴻沼）	見沼代用水	武蔵	埼玉県さいたま市
71	享保一四	一七二九	高沼代用水	高沼	武蔵	埼玉県さいたま市
72	享保一四	一七二九	上瓦葺溜井	見沼代用水	武蔵	埼玉県上尾市
73	享保一四	一七二九	下瓦葺溜井	見沼代用水	武蔵	埼玉県上尾市
74	享保一四	一七二九	下蓮田八幡溜井	見沼代用水	武蔵	埼玉県蓮田市
75	享保一四	一七二九	白幡村溜井	見沼代用水	武蔵	埼玉県さいたま市
76	享保一四	一七二九	別所沼溜井	見沼代用水	武蔵	埼玉県さいたま市
77	享保一五	一七三〇	増林堰	松伏溜井	武蔵	埼玉県越谷市
78	享保一五	一七三〇	松伏溜井		武蔵	埼玉県春日部市～越谷市
79	享保一五	一七三〇	上・下ノ割用水	小合溜井	武蔵	東京都葛飾区
80	享保一六	一七三一	本田用水	小合溜井	武蔵	埼玉県三郷市
81	享保一六	一七三一	見沼通船堀	見沼代用水	武蔵	芝川と代用水路との間
82	享保一六	一七三一	江戸川字分水川		下総	千葉県松戸・市川市
83	享保一六	一七三一	甲斐河川		甲斐	山梨県
84	享保一七	一七三二	中川下流		武蔵	東京都葛飾区青戸付近

85	享保一七	一七三二	大井川	遠江	静岡県
86	享保一七	一七三二	越後河川	越後	新潟県
87	享保一七	一七三二	伊勢公料検察	伊勢	三重県
88	享保一七	一七三二	駿遠河川巡視	遠江・駿河	静岡県
89	享保一九	一七三四	大井川浚利	遠江	静岡県
90	享保一九	一七三四	甲斐川浚検視	甲斐	山梨県
91	享保一九	一七三四	紫雲寺潟	越後	新潟県新発田市紫雲寺町
92	享保二〇	一七三五	木曾・長良・揖斐川巡視	尾張	愛知・岐阜県
93	元文 元	一七三六	大井川普請	遠江	静岡県

井澤弥惣兵衛為永 年譜（海南市海南歴史民俗資料館の文献などによる）

年号	西暦	主要事項
寛文 三	一六六三	紀州藩溝ノ口村（現在、海南市野上新）で生まれる
元禄 三	一六九〇	紀州二代藩主光貞より若山（和歌山）に召し出される（二八歳） （弥太夫由緒記） 三代綱教、四代頼職、五代吉宗、六代宗直に仕える 勘定奉行所に出仕、以後御勘定人格（宝永二・四五歳） 五月、紀州野上八幡宮に手水鉢奉納 「溝ノ口生まれ　井澤宇左衛門尉氏勝　元禄三年五月」
九	一六九六	三月二四日、若山会所で大畑才蔵に差図す（才蔵日記） 紀州藤崎井用水（那賀町）開削のため測量する
一二	一六九九	一月、才蔵より為永あてに書類を提出する（才蔵日記）
一三	一七〇〇	藤崎井用水、第一期工事が完成する
宝永 四	一七〇七	紀州藩御勘定人格大畑才蔵六六歳。井澤弥惣兵衛四五歳 小田井用水、第一期工事が出来あがる 亀の川を改修して新川を築堤。このため内原村（和歌山市）の干拓地が新田として開発された（目で見る海南の歴史）
六	一七〇九	六月、為永、小田井用水掘削費を三島外一人に渡す
七	一七一〇	四月二〇日、紀州藩若山会所役人御頭分。四八歳（才蔵日記） 亀池開削が完成（亀池碑文）

正徳 元	一七一一	為永の子、楠之丞正房が生まれる
享保 元	一七一六	吉宗が将軍職を継ぐ
二	一七一七	八月、野上八幡宮に託宣を修繕奉納する（八幡宮文書）
五	一七二〇	九月、大畑才蔵没す。七九歳
七	一七二二	為永、紀州より江戸に召し出される。六〇歳
		一〇月二〇日、琵琶湖開拓地検視（寛政諸家譜）
八	一七二三	七月一八日、御勘定となり二〇〇俵を賜る（寛政諸家譜）
		これより幕臣となる。七月二一日、吉宗に拝謁
九	一七二四	下総国吉田用水堀開削（下総旧事考川沢志）
		飯沼検視（下総旧事考川沢志）
		印旛沼開墾を計画する（大日本地名辞典）
一〇	一七二五	一月一〇日、飯沼開墾を起工（大日本地名辞典）
		五月一日、飯沼開墾が完成する（大日本地名辞典）
		七月、吉田用水堀が完成する（大日本地名辞典）
		一一月、御勘定吟味役格。新恩三〇〇俵加増
		一一月六日、新田見分のため武蔵・上野・下総へ出張（岡村文書）
一二	一七二七	六月二五日、勘定役吟味役分担が定まり開墾は為永が掌ることになる（徳川実紀・岡村文書） 「……吟味役の内各司る事をわかたれ、納税のことは神谷武右衛門久敬、細田弥三郎時以、辻六郎左衛門守参、国用のことは萩原源左衛門美雅、訴訟のことは杉岡弥太郎能連、新墾並ニ荒蕪開耕のことは井澤弥惣兵衛為永うけ給り。猶久敬、時以にはかるへし」

（有徳院実紀　巻廿四）

一三　一七二八　平賀沼開墾を取り締まる（大日本地名辞典）
見沼開墾が完成する（組合日記）

一四　一七二九　多摩川を改修する（日本土木史）
中川を開墾。多摩川を改修（日本土木史）
飯沼開墾が完成する（前記・川沢志）

一六　一七三一　功により三〇〇俵下さる（徳川実紀）
六月一三日、甲信の河梁を改修して帰謁する（徳川実紀）
子正房、川口門樋を築造（川口村鑑明細帳）
見沼通船堀（さいたま市大間木）を完成する（浦和市史）
八月五日、越後河渠巡視を命ぜられる（徳川実紀）
一〇月五日、御勘定吟味役、本役となる

一七　一七三二　八月二七日、伊勢公料検察を命ぜられる（徳川実紀）
一〇月二八日、越後巡察を終えて帰謁する（徳川実紀）
一一月一三日、駿遠の河渠巡視を命ぜられる（徳川実紀）
一二月二八日、大井川見廻りを終えて帰謁する（徳川実紀）

一八　一七三三　一〇月二八日、伊勢検察を終えて帰謁する（徳川実紀）

一九　一七三四　四月一九日、大井川浚利を命ぜられ、六月一日終えて帰謁
一二月二八日、甲斐国検視を終えて帰謁する（徳川実紀）

二〇　一七三五　八月一〇日、美濃郡代を兼ねる（徳川実紀）
八月二一日、美濃国に赴くため賜暇（徳川実紀）
九月一九日、子正房両番格となり三〇〇俵賜り、父の勤めを助ける

		（寛政諸家譜）
元文　元	一七三六	四月二八日、大井川普請を命ぜられ子正房と役に赴く
		五月二六日、大井川の修理を果たして帰謁。賞金五枚（両）下さる（徳川実紀）
二	一七三七	九月五日、病のため美濃郡代を免ぜられる（徳川実紀）
三	一七三八	一月、野上八幡宮に田地（石高四石一升三合）を寄進する（八幡宮文書）
		三月一日、為永没す。七六歳（心法寺墓銘）
		六月二日、勘定奉行支配両番格。正房、家を継ぐ（徳川実紀）
明和　四	一七六七	一〇月、柴山常福寺に見沼井筋の村民が墓石を建てる（常福寺墓石碑文）
文化　四	一八一七	三月、有志、為永の石碑を万年寺に建てる（万年寺石碑）
文久　元	一八六一	三月、幕府普請役荻野捨次郎、為永の位牌を柴山常福寺に奉納
		（見沼土地改良区史）

美濃郡代及びその後の書簡（現存する弥惣兵衛の数少ない直筆書状）

①

【書き下し】

三月廿六日之貴札致拝見候、
弥御堅固被成御勤珍重
奉存候、拙者去ル正月廿一
日申達候、加納領方県郡河渡村・
生津村・小嶋村・一日市場村願築足
堤見分之儀、各様家来
中堤方役人立会場所吟味
仕候絵図覚書を以御聞届、
御存寄之趣去冬御相談被
仰下候処、御同意ニ存候由申
達御承知之旨、拙者方ニ而者、
私領入会之場新規普請ニ付、
御勘定奉行御相談之趣を以
不申達候而者否難申達由、
御報ニ申達候以上、上本田村堤
外畑障りニ可成旨書付差出
候得共、堤外之儀三合余出水
度毎水下ニ成候場所故、築足
堤有無構無之御料・私領・
大場之水積御救ニ成候事申渡
可然御座候得共、少ニ而も
村違之場障り之品有之候而者ハ、
御勘定奉行被仰其意間敷と
相勤候哉、若御料之分高割ニ而
御入用差出候儀ニ御座候得者、
御勘定奉行聞届有之
間敷候由申達候処、川通之儀
新規願之節者其場之役人ヨリ
断次第各様御家来中
堤方役人立会吟味之趣、
各様并拙者先役辻甚太郎
御聞届御相談同様ニ相極候へ者、
毎度御勘定奉行江不為
達願之村方江否申渡前例ニ
御座候、依之右願之儀茂、
各様拙者御相談相聞候へ共申付

可然由先達而被仰聞候
通ニ而、御入用も懸り候儀ニ御座
候得者、各様拙者連名を以、
御勘定奉行江相達来候由、
上本田村堤外畑三合余之
出水ニ者、前々ヨリ只今迄水下ニ
成来候畑、上本田村川下御料
下本田村・只越村堤外畑地續
有之候へ共、此両村者障り不申候、
上本田村者村上之儀地高之所
猶以障り無之場障り申出候、
川通村方御料・私領入会
有之、願者大小共新規普請
有之候得者実々障り無之
候而も、百姓共彼是障り候様ニ
申出候事、前々ヨリ多御座候、
御勘弁之上御相談相聞何連江も…［後欠］

◆小嶋村…不明。方縣郡には「小野村」がある。
◆一日市場村…美濃国方県郡一日市場村（現岐阜県岐阜市）

【現代語訳】

三月二十六日のお手紙を拝見いたしました。いよいよ御堅固となられ、お勤めは珍重であることと思っております。私は去る正月二十一日にお伝えしたように、加納領方県郡河渡村・生津村・小嶋村・一日市場村が願い出ている築足堤見分のことについて、各様の家来中堤方役人が立ち会い、場所を吟味して作成した絵図・覚書で知った内容で、去る冬にご相談したところ、同意なされたと伝え聞きました。私領入会の場を新規普請するので、御勘定奉行にご相談しないでは可否を述べがたいということをご報告しました。

上本田村堤外の畑には支障があるという旨の書付を差し出しましたが、堤の外では三合余の出水のたびごとに水下になってしまう場所ですので、築足堤の有無には構いなく、御料・私領・大場の御救になるであろうという申し渡しは当然なのですが、少しでも場所が違う村では支障がある場合もあります。もし御料の入用を高割で差し出すことになれば、勘定奉行に届け出ることはないということを報告したところ、川沿いの村は、新規に願い出るときはその場の役人より断り、各様（高木三家）の家来中の堤方役人が立ち会い、吟味した内容を、各様・私・辻甚太郎へご報告・ご相談すれば、毎回勘定奉行へ報告せず、願い出た村方へ可否を申し渡すという前例があります。従って、今回の願い出のことも各様・私へご相談するよう申し付けることは当然であることは、先達て仰せがあった通りです。また入用もかかるようであるので、各様・私の連名を以て勘定奉行へ報告があったのは、上本田村の堤の外の畑三合余の出水の度に水下になってしまう畑のことです。上本田村の川下の御料である下本田村・只越村の堤の外の畑は、地続きであるが、支障があるとは言っておりません。上本田村は、高所にあるので、なおもって支障のない場所が支障を申し出、川添いの村の御料・私領入会の願いは、大小とも新規普請であるけれども、支障はなくても百姓たちはかれこれ支障があるというように申し出ることは前々から多いことであるので、よくお考えの上、ご相談を聞き、いずれへも……［後欠］

②

【書き下し】

一筆致啓上候、各様弥御堅固
被成御勤珍重奉存候、然者、拙者儀、
當春中ョリ病気ニ而罷在候ニ付、
美濃国御預所兼役
御免之儀願差出置候処、去ル五日
願之通首尾克御免被
仰付難有奉存候、右御預所当分
大草太郎左衛門・野田甚五兵衛御預所
被仰付候、唯今迄御用向御不易
申合候ニ付、右為御知旁如斯
御座候恐惶謹言
井澤弥惣兵衛（花押）
九月七日

高木茂一郎様
高木求馬様
高木内膳様

【現代語訳】

一筆啓上いたします。各様は、いよいよご堅固となられ、お勤めは珍重であることと存じます。私は、この春より病気だったので、美濃国御預所兼役を免じていただくよう願い出たところ、去る五日、願の通り、首尾よく免除を仰せつけられ、有り難いと思っております。右の御預所は当分、大草太郎左衛門・野田甚五兵衛に仰せつけられました。今までのご用向きは変わらず、よろしくお願いいたします。恐惶謹言。

井澤弥惣兵衛（花押）
九月七日

高木茂一郎様
高木求馬様

高木内膳様

★「美濃国御預所兼役を免じられた」とあるので、元文元年（一七三七）の文書であると思われる。

③

【書き下し】

一筆致啓上候、未残暑ニ
御座候得共、各様弥御堅固
可被成御勤仕と珍重奉存候、
然者濃州加納領上川手村・
領下村・細畑村・切通村・蔵前村・
高田村・上印食村・下印食村・
下印食新田村・下川手村、右村々
加納領奉行添状を以、笠松
役所江願出候者、羽栗郡
徳田村ニ新規ニ堤普請仕候、
各村々水落障ニ罷成候故、
先年も各之場所堤普請
[虫損]候処、多良笠松江相願候得者、
普請相止候由之場所ニ候由、
此度も吟味之上普請相止
候之様ニと願書差出申候、尤、
境川通水落之儀故、笠松手代共、
各様江茂相願候様ニと申渡
候之由御座候間、御家来衆と
堤方役人立会見分吟味被致候様仕度奉存候
一　尾州領・濃州安八郡・木成郡村
長良川通江伊尾川・枝川
落合之所、堤外畑方近来
川欠ニ成候故、水除出篭仕度旨、
見分願出候由ニ而、書付并絵図
等差出申候各様江も相願申出
候由以、笠松手代共ヨリ申越候、
是又御家来衆之堤方役人と
立会見分吟味之上、
及御相談ニ申付可然哉と奉存候、
各両品共御家来衆境方
役人と立會見分被致候様
御申付可被下候、尤笠松堤方
役人共江右之段申遣候、右為
可得御意、如此御座候、恐惶謹言
井沢弥惣兵衛（花押）
八月十一日

高木重一郎様
高木求馬様
高木内膳様

以上
追啓拙者儀久々病気ニ而引込罷在候得ニも、右之段可成御意候処、延引ニ罷成候、

◆上川手村・下川手村・領下村…明治三〇年に厚見村となり、現在は岐阜市に編入される。
◆細畑村・切通村・蔵前村・高田村…明治三〇年に南長森村となり、現在は岐阜市に編入される。
◆上印食村・下印食村・下印食新田村・徳田村…明治三〇年八剣村となり、現在は岐南町に編入される。
◆木成郡村…不明
◆長良川…木曾三川の一つ。
◆伊尾川…揖斐川。木曾三川の一つ。
◆枝川…不明
◆笠松役所…岐阜県羽島郡笠松町（美濃国羽栗郡）にあった幕府直轄領におかれた郡代（美濃郡代）の陣屋。美濃国と尾張国の境（木曾川）にあり、交通の要所を監視する役割のほか、木曾川の治水の役割（堤方役所）もあった。幕府から派遣される郡代とともに、堤方役人と呼ばれる地元の治水技官が治水事業を行った。

【現代語訳】

一筆啓上いたします。まだ残暑ではありますが、各様はいよいよご堅固となられ、ご勤仕は珍重であると存じます。美濃国加納領上川手村・領下村・細畑村・切通村・蔵前村・高田村・上印食村・下印食村・下印食新田村・下川手村は、加納領の奉行の添状を以て、羽栗郡徳田村に新規に堤普請を行うことを笠松役所へ願い出ました。

各村々は、水が落ちるところに支障があるので、先年もそれぞれの場所で堤普請を行ったところ、多良の笠松へ願い出ました。普請を止める場所であるので、今回も吟味の上、普請を止めるようにと願書を差し出しました。もっとも、境川通りの水落のことなので、笠松役所の手代とも各様へも願い出るようにと申し渡したので、家来衆と堤方役人の立ち会いによる見分・吟味をするようにしたいと思っています。

一　尾州領、濃州安八郡・木成郡村長良川通へ揖斐川・枝川が合流する場所は、堤の外の畑方では最近、川欠（堤防決壊）になるので、水を防ぐための施設を造りたく、見分を願い出たの

で、書付・絵図などを差し出しました。各様（高木三家）へも願い出たので、笠松役所の手代らから申し越しがありました。また、家来衆の堤方役人と立ち合いによる見分・吟味の上で、相談に及び、願い出の内容は当然であると思いました。従って家来衆の境方役人と立ち合いによる見分をするように命令が下りました。また、笠松役所の堤方役人らにこのことを伝え、お考えを得るべきです。恐々謹言。

井沢弥惣兵衛（花押）

八月十一日

高木重一郎様

高木求馬様

高木内膳様

追啓

私は長い間病気で引きこもっておりましたが、このことはお考えに従うことですので、延引しておりました。

④

【書き下し】

［印刷のため見えず］

改年之御慶不可有尽期候、

御家内初何方ニも無御別条可被成御越年珍重勤候、爰元自宅其外何レ茂相揃、無大事致嘉年候、年始□形調可申述如此候、猶為永日之時候、恐惶謹言

井沢弥惣兵衛（花押）

正月廿五日

（別紙）

拝啓、先日ハ突然御伺致候処御多用中ニも不拘、日頃ノ御研究ヲ懇ろ御話下サレタルノミナラス、特ニ八幡社ヘ御案内

賜り、御尽力ニ依り、暗夜ニ灯火ヲ得タル心地致し故、井沢翁之事蹟大ニ判明、誠ニ欣快之至りニ不堪御厚情之程幾重ニモ御禮申上候、尚今後も郷土偉人顕彰之為、何卒格別之御援助相仰ぎ度候、

就テハ當日御願申上置キタル処、乍御迷惑次ノ事項御調之上、御一報相煩シ度候

弥太郎ヨリ現代市之助ニ至系図

弥太夫　長男弥惣兵衛

次男弥太郎…（此間不明、役場ノ戸籍ニテ市之助氏ヨリ三代位

前マデ分カルベキカ）市之助
戸籍簿以前ハ寺過去帳ヨリテハ分カラヌモノニヤ

当日ハ御分袂後役場ニ立寄リ、田渕晋氏方訪問、唐通橋下ノ分水口視察ノ上、夜行ノ汽車電車ニ依り帰途ニ就キ申候、其由御上京ノ御序も可有之ニ付、御一泊ナカラ是非御来宅相願上候、緩々懇談相願度候
別冊御参考迄ニ御送り申置候、
先ハ不取敢御礼旁御願迄
敬具

九月廿四日　　小林好三
稲田正太郎様
□　机下

【現代語訳】
改年のお慶びは尽きることがなく、御家内を初め何方にもお変わりなく越年され、おつとめは珍重であることと思っております。私は大事なく新年を迎えることができました。恐惶謹言。
井沢弥惣兵衛（花押）
正月廿五日

（別紙）
拝啓
先日は、突然お伺したところ、ご多用中にもかかわらず、日頃のご研究のことをご親切にお話し下さっただけでなく、特に八幡社へご案内くださり、そのご尽力のおかげで暗夜に灯火を得たような心地がいたしました。井沢翁の事蹟も大に判明し、誠に欣快の至りに堪えず、御厚情には幾重にもお礼を申し上げます。尚、今後も郷土偉人顕彰のため、何卒格別のご援助を仰ぎたく思っております。つきましては、当日お願いしておいたことですが、ご迷惑ながら、次の事項をお調べの上、御一報いただきたく思います。

弥太郎から現代市之助ニに至る系図
弥太夫　長男弥惣兵衛
次男弥太郎…（この間は不明、役場の戸籍で市之助氏から三代位前まで分かるだろうか）市之助
戸籍簿以前は、寺の過去帳によって分からないであろうか。

当日はお別れした後、役場に立ち寄り、田渕晋氏方を訪問し、唐通橋下の分水口を視察した上、夜行の汽車により帰途に就

いた。ご上京のついででもよいので、ご一泊ながら是非ご来宅いただければと思います。ゆっくりお話できればと思います。

ご参考までに別冊お送りいたします、まずはとりあえずお礼がてらお願いまで。

敬具

九月二十四日　小林好三

稲田正太郎様

□　机下

⑤

【書き下し】

［前欠］座敷ニ居、女房ハ神子代
遣役ニ付申候、此跡茂右衛門と申
者御座候而、座拝ニ居申候、
弐拾年以前ニ果申置、女房
神子仕候得共、拾年以前ヨリ
盲ニ罷成出不申候、右之茂
右衛門方ニ加兵衛と申者御座候、
則其遣役ヲ次、座敷ニ居
申ニ付、神子出シ候得と度々申
達候得共、理不尽申候、神子
出シ候へと御申付致為成可被下候

一　検知神職やめ申儀、作兵衛
子供佐太夫、其子半之丞［判読不能］
作兵衛代身上不罷成、佐太夫
代ニ為六拾人衆御扶持被下候
ニ付、其御影ニ而、此以前迄身
躰罷続、其後家田地ヲ売、
兎や角やと神職相勤申候
頃ハ、何共身躰不相成候、併
筋めニ而御座候間、検知罷出、
神職勤候へと被為仰付
可被下候

一　神事祭礼役仕候者、右者
三拾七人其内九人不足仕候、
只今役めニ出申候者三拾八人
御座候得共、火之かまひ方
指合御座候ニ付、皆々調不
申［折り目のため判読できず］之役め御座候

【現代語訳】

一　…座敷にいて、女房は神子代遣役だったが、この跡目には茂右衛門という者がいたが、二十年以前に亡くなり、女房は神子をしていたが、十年前から目が見えなくなってしまった。右の茂右衛門のところには加兵衛という者があり、遣役を継ぎ、座敷（座のことか）にいるので、神子を出すようにと度々要請しているが、理不尽なことを言っているので、神子を出すように命じてほしい。

一　検知が神職をやめるといっている件について、作兵衛の子・佐太夫の子である半之丞が、作兵衛代の身上（暮らし向き）が良くなく、佐太夫代に六拾人衆として扶持（給料）を与えたおかげで今まで財産が続き、その後は家や田地を売り、何とか神職を務めていた。家計がよくなくても筋目がある者なので、検知は出頭し、神職を務めるように命じてほしい。

一　神事・祭礼役を務めるにあたって、三十七人のうち九人が不足しており、只今役を務めている者は三十八人だが、火の番などの仕事もあるので、（人数が足りない）……。

⑥

【書き下し】

［年］寄共へ筋め之様子尋候得者、
如何ニも筋めなき者ニ而候間、座ニ
置申事不罷成と申候、其［欠損］
椋木村庄兵衛、浜口村矢船［欠損］
右衛門申候ハ、筋めなき権平ヲ座
置候者、流鏑馬ニ乗り申儀、
先例ヲ破り、我々も乗り可申と
申候、其時庄中年寄共申候
者八幡宮御仕置ヲ破り筋めな
き者流鏑馬ニ乗り申す事成
申間敷と申達候、其時長谷［欠損］
吉村半右衛門方ヨリ庄中年［寄］
共江権平筋目なき者［欠損］
付参に今御座候御事

一　申八月十一日ニ、権平親茂右衛門、
庄中・年寄共相断候ハ、権平
筋なき者と申、座ニ者居不申、
馬ニも乗り不申ニ而、馬□□申
事なり不申候間座敷、馬之［欠損］
庄中へ上ヶ申ニ罷申候に付［欠損］
祭礼迄無豫日候故、庄中・
年寄者借馬致し、御祭礼
相勤メ申候然処ニ、権平右者
馬家督共庄中へ上ヶ申候而、
年々井沢之棟別米年寄
共出シ申候処ニ庄中ハ無断［欠損］

両村へ官領銀出シ、上座ニ［欠損］
申候ニ付其時年寄共両村［欠損］
権平両方へ改申候ハ、右ハ権平［欠損］
筋めなき者と申候而、只今
庄中へ断なく、座ニ置［折り目で判読できず］筋め［能者カ］［折り目で判読できず］

【現代語訳】

年寄らへ、筋目（由緒か）の様子を尋ねたところ、どうにも筋目のない者であるようなので、座に置いてはいけないと言った。椋木村の庄兵衛・浜口村の矢船（苗字か）右衛門が言うには、筋目のない権平を座に置けば、流鏑馬に乗るとき、先例を破ることになり、我々も流鏑馬に乗って当然である。庄中・年寄らが言うには、八幡宮の掟を破り、筋目のない者が流鏑馬に乗ることはあってはいけないということである。長谷吉村の半右衛門方から、庄中・年寄らへ、権平は筋目のない者である、という密告があった。

一　申八月十一日、権平の親茂右衛門を、庄中・年寄らが調べたところ、権平は筋目のない者と言い、座にいてはならず、馬にも乗ってはいけず、（馬□□申事なり不申候間）庄中へ上申した。祭礼まで日がないので、庄中・年寄は馬を借り、祭礼を行うべきである。権平は、馬・家督とも庄中へ上申し、年々井沢の棟別米を年寄へ出したところに、両村へ官領銀を出し、……。（以下、欠損が多く、意味を断片的にしかとれず）

★⑤と⑥は、どちらが先に来る史料かはわからないが、恐らく続き物であると思われる。神事祭礼に関する資料であることは間違いないが、地域を特定できないため、内容の詳細は不明である。「座」は恐らく宮座などの宗教的結合であると思われる。「庄中」は不明。

★文中に出てくる「井沢」が「井澤弥惣兵衛」と関連するのかは不明。

＊井沢弥惣兵衛為永と木曽三川＊

享保二〇年（一七三五）八月二一日　笠松陳屋（美濃笠松郡代陳屋）に着任。
木曽三川分流計画を願い出る。

元文二年（一七三七）　美濃郡代を辞任。
元文三年（一七三八）　没。

美濃郡代着任後、わずか五か月の美濃国滞在中、木曾三川分流計画を考案、江戸幕府に献言していた。これは、河川の流路をなるべく直流とし、堅固な堤防を築いて水が越えないようにし、また、堤防を保護するための護岸、水制を設置するというものであった。幕府はこれを採用しなかったが、のちに行われる宝暦治水は、このときに作成された計画をもとに実施したものであるとされる。したがって、一連の文書は、弥惣兵衛が美濃郡代在職中、木曾三川分流計画を願い出たとされる享保二〇年から、美濃郡代を辞任する元文二年の時期に作成されたものであると特定できる。

〝紀州流〟の祖・井澤弥惣兵衛の〈光と影〉

徳川幕府「中興の祖」とされる第八代将軍吉宗（一六八四―一七五一）の治世は享保改革という一大変革期であった。〈米将軍〉吉宗は行き詰った財政事情を打開するため全国規模での新田開発を奨励した。その厳命を受け先頭に立って新田開発を指揮したのが幕府勘定吟味役本役（最終地位）井澤弥惣兵衛であった。

地方巧者（じかたこうしゃ）弥惣兵衛の生涯は異例ずくめと言えよう。士農工商の身分制度が確立されている中で、紀州の山間地の一介の農民（豪農）から若くして紀州藩士に登用され治山治水に功績を残し、さらには六〇歳（還暦）となって幕臣（御目見得以上の官職）に取り立てられ江戸に出た。一連の人事はすべて吉宗が行ったが、これは驚くべきことである。彼のような農民から階級の厚い壁を飛び越える三段跳びのような出世栄達を果たした人物は江戸時代を通じて他に多くの例を見ないと思われる（もっとも吉宗自身も、紀州藩主になれないと自他ともに認めていた男が五五万石余の藩主になり、あげくに将軍にまで上りつめた）。

私は江戸期武士階級の身分制度を考えるとき福沢諭吉の指摘が忘れられない。「旧藩情」（『福沢諭吉全集』第七巻、岩波書店）中の一文である。「下級士族は何等の功績あるも何等の才力を抱くも決して上等の席に昇進するを許さず。稀に祐筆などより立身して小姓組に入りたる例もなきに非ざれども、（江戸幕府）治世二五十年の間、三名から五名に過ぎず。故に下等士族は其の下等中の黜陟（進退）に心を関して昇進を求れども、上等に入るの念は固より之を断絶して、其趣は走獣敢て飛鳥の便利を希望せざる如し」

身分制度が固定して、「下等士族」（下級武士）は有能な人材であっても昇進の道は閉ざされ、才能を存分に発揮することなど夢のまた夢であった、と非難するのである。福沢の論はいささか極端であろうが、地上を這う獣が空を飛ぶ鳥のような希望を持ち得なかったとの比喩は痛烈である。このように武士階級ですら下級武士の昇進を妨げる障壁が厚かった時代にあって、弥惣兵衛の昇進は将軍吉宗が側近を紀州藩出身者で固め紀州閥人事を行ったことが背景にあったとしても異例中の異例であり、ひとえに彼の人格と傑出した技量が高く評価されたことによろう。荒野を拓くには高度な専門知識と実践的技術力それに指導力が不可欠であることは論をまたない。

栄光の座にあって惣兵衛は将軍の意向を体し、近畿地方から関東甲信越地方にかけて、一大新田開発を指揮した。彼は自らの紀州流土木技法という独自の技術（「用排水分離方式」）を導入し、それを全国的に展開した。湖沼や湿地を用水路と排水路に分離した上で干拓し、山林原野を開き、堤防を高く構築して河川の幅を狭め川のそばまで水田を広げ、河川敷までも耕作地とした。空前の大自然改造（見方を変えれば一大乱開発）であった。彼は高齢でありながら自らの身体に鞭打つように働き続け、新田開発や河川改修などの現場に立って多くの実績を残した。七〇歳を過ぎても第一線から退くことが出来なかった。この史実は私を驚かせ胸を熱くさせる。男子の人生が五〇年とされた時代である。しかしながら、彼は紀州流にも自ずから限界があることを誰よりもよく知っていた。

本書は水資源機構の月刊誌「水とともに」に一年二カ月にわたって連載した拙文を一部加筆訂正したものである。連載に理解を示してくださった同機構青山俊樹理事長や太田信介前副理事長をはじめ取材への協力を惜しまなかった幹部や友人諸氏に改めて感謝したい。「水とともに」編集担当の江頭憲一氏には連載に当たって大変お世話になった。謝意を表したい。本書を読まれた方は、長谷川美智子著『見沼の波留（はる）』（関東図書、埼玉文芸賞受賞）を是非一読されることを希望したい。同書は見沼で育った利発な少女波留の目を通して見沼代用水の開削工事とそれを指揮する幕臣井澤弥惣兵衛の凛々（りり）しい姿を描いた児童文学である。勉学好きな少女が、貧しい家庭を支えながら頻発（ひんぱつ）する水害に耐え、一大農業土木事業（治水・利水工事）を指揮する弥惣兵衛に信頼を寄せる。見沼の自然描写を巧みに織り込んだ叙情性あふれる作品である。私は十年ほど前に偶然同書に触れて心打たれるものがあり一気に読了した。そして自分も井澤弥惣兵衛の生涯を描いてみたいと思い立った。私は時間の許す限り、和歌山県をはじめ埼玉県・茨城県・千葉県・新潟県・岐阜県などの現地を訪ねて資料収集や現場取材を続けてきたのである。

政治学者丸山真男はその著『日本政治思想史研究』で指摘する。

「荻生徂徠は、皮相な観察者が『享保の中興』を謳歌しているとき、曇りなき眼を以て早くもそこにひたよる黄昏（たそがれ）の影を看取した」。行き過ぎた一大新田開発万能主義が、大きなツケとなって国民を襲うことを、同時代の著名な儒学者は見通していたのであろう。巨大開発のツケの一つが大水害の頻発であったことは言うまでもない。（拙書『天、一切ヲ流ス』（鹿島出版会）参考、享保改革の後半に関東甲信越地方を襲った江戸期最悪の「寛保水害」の惨状と復旧のために駆り出された西国大名の御手伝普請の過酷さを描いた作品である）。

感謝すべき方々や組織・団体は数限りない。一部を記すに止める。まず感謝すべき方々である。（肩書は省略する）。高橋裕氏、渡辺一郎氏、鈴木甫氏、市川正三氏、井澤武二氏、井澤佳代様、秋葉剛士氏、藪真夫氏、谷口勇氏、山本皓史氏、矢倉嘉人氏、古畑武男氏、西畑安男氏、白鳥孝治氏、小林大作氏、伊藤充氏、藤井肇男氏、橋本直子様、高野博夫氏、木村明雄氏、清水実氏、藤山秀章氏、桑島偉倫氏、山本佳也氏、中村稔氏、久次米英昭氏、篠田政昭氏、谷口勇氏、稲垣岩男氏、谷口秀雄氏、松浦琢美氏、東道治氏、東勲氏（順不同）。失念した方がおられるかもしれない。お許し願いたい。

感謝すべき組織や団体である。独立行政法人水資源機構、見沼代用水土地改良区、印旛沼土地改良区、紀の川土地改良区連合、小田井土地改良区、亀池土地改良区、藤崎土地改良区、海南野上土地改良区、六箇井土地改良区、国立国会図書館、独立行政法人土木研究所、土木学会図書館、筑波大学付属図書館、埼玉大学付属図書館、埼玉県立文書館、同図書館、和歌山県立図書館、新潟県立図書館、東京都立図書館、茨城県立図書館、岐阜県立図書館、海南市海南歴史民俗資料館、橋本市郷土博物館、葛飾区立郷土と天文の博物館、心法寺、万年寺、野上八幡宮（海南市）、金熊寺（泉南市）、沓掛香取神

社（茨城県）、国土交通省河川局、同省関東地方整備局河川部、同省近畿地方整備局河川部、同省中部地方整備局河川部、同省北陸地方整備局河川部、同省和歌山河川国道事務所、木曾川文庫、さいたま市、真岡市、橋本市、新発田市、小田原市、柏市、常総市、茨城県八千代町、栃木県藤岡町（順不同）。心から感謝したい。参考文献は膨大な量に上るため割愛したい。

鹿島出版会出版事業部の橋口聖一氏には今回も拙書出版への御協力をいただいた。心から感謝したい。

平成二一年（二〇〇九）六月

高崎哲郎

「沈黙した水が再び我々に話しかけるには、夕べの風がそよそよ吹くだけでよかろう……ひたすら優しく、ほの白く月の光がさせば、波の上にまた幻影が渡るであろう」（『水と夢』（ガストン・バシェラール（フランスの哲学者））より）。

青竹の　ただますぐなる　影ひとつ（加藤楸邨）

著者紹介

高崎哲郎　たかさき・てつろう

一九四八年栃木県生まれ。NHK記者、帝京大学教授、東工大などの非常勤講師を歴任。独立行政法人土木研究所と財団法人河川環境管理財団の客員研究員を経て、独立行政法人水資源機構の客員教授。作家、土木史研究家。

主な著書

『評伝　技師・青山士の生涯』（講談社）
『沈深、牛の如し—慟哭の街から立ち上がった人々』（ダイヤモンド社）
『砂漠に川ながる—東京大渇水を救った五〇〇日』（ダイヤモンド社）
『洪水、天ニ漫ツ—カスリーン台風の豪雨・関東平野をのみ込む』（講談社）
『評伝　工人・宮本武之輔の生涯—われ民衆と共にことを行わん』（ダイヤモンド社）
『鶴 高く鳴けり—土木界の改革者 菅原恒覧』（鹿島出版会）
『大地の鼓動を聞く—建設省50年の軌跡』（鹿島出版会）
『開削決水の道を講ぜん—幕末の治水家・船橋随庵』（鹿島出版会）
『山原の大地に刻まれた決意』（ダイヤモンド社）
『天、一切ヲ流ス—江戸期最大の寛保水害・西国大名による手伝い普請』
『荒野の回廊—江戸期・水の技術者の光と影』
『評伝　山に向かいて目を挙ぐ—工学博士・広井勇の生涯』
『評伝　お雇いアメリカ人青年教師—ウィリアム・ホィーラー』
『評伝　月光は大河に映えて—激動の昭和を生きた水の科学者・安藝皎一』
『湖水を拓く—日本のダム建設史』
『評伝　水と緑の交響詩～創成する精神～環境工学者・丹保憲仁』
『評伝　大鳥圭介—威ありて、猛からず』
『評伝　ゼロからの飛翔　環境の時代に挑む～〈水〉の企業家・長井政夫』
『評伝　技師 青山士　その精神の軌跡—万象ニ天意ヲ覚ル者ハ……』
（いずれも鹿島出版会）

水の匠(たくみ)・水の司(つかさ)
〝紀州流〟治水・利水の祖——井澤弥惣兵衛

発行　二〇〇九年六月二〇日　第一刷

著者　高崎哲郎
発行者　鹿島光一
組版・装丁　高木達樹
印刷　創栄図書印刷
製本　牧製本
発行所　鹿島出版会
一〇七-〇〇五二　東京都港区赤坂六-二-八
電話　〇三（五五七四）八六〇〇
振替　〇〇一六〇-二-一八〇八八三

ISBN978-4-306-09397-3 C0052　Printed in Japan

本書に関するご意見・ご感想は左記までお寄せください。
URL　http://www.kajima-publishing.co.jp
E-mail　info@kajima-publishing.co.jp